TABLE DES MATIÈRES

PRÉFACE

CHAPITRE I : DE VIEUX AMIS

CHAPITRE II : L'ART DIFFICILE D'OBTENIR

CHAPITRE III : LA STANDARD OIL COMPANY

CHAPITRE IV : QUELQUES EXPÉRIENCES DANS LE SECTEUR PÉTROLIER

CHAPITRE V : AUTRES EXPÉRIENCES ET PRINCIPES COMMERCIAUX

CHAPITRE VI : L'ART DIFFICILE DE DONNER

CHAPITRE VII : LA CONFIANCE BIENVEILLANTE : LA VALEUR DU PRINCIPE DE COOPÉRATION EN MATIÈRE DE DONS

BIBLIOGRAPHIE

MR. JOHN D. ROCKEFELLER À L'ÂGE DE DIX-HUIT ANS.

PRÉFACE

Dans la vie de chacun, il arrive probablement un moment où l'on est enclin à passer en revue les événements, grands et petits, qui ont constitué les incidents de son travail et de son plaisir, et je suis tenté de devenir un vieil homme bavard et de raconter quelques histoires d'hommes et de choses qui sont arrivées dans une vie active.

Dans une certaine mesure, j'ai été associé aux personnes les plus intéressantes que notre pays ait produites, notamment dans le domaine des affaires - des hommes qui ont largement contribué à développer le commerce des États-Unis et à faire connaître leurs produits dans le monde entier. Ces incidents qui me viennent à l'esprit pour en parler me semblaient d'une importance vitale lorsqu'ils se sont produits, et ils se détachent encore nettement dans ma mémoire.

On peut se demander jusqu'à quel point il est justifié de cacher au public ce que l'on considère comme ses affaires privées, ou de se défendre contre les attaques. Si l'on parle de ses expériences, on est naturellement tenté de l'accuser de suivre la voie facile de l'égoïsme ; si l'on garde le silence, il est parfois encore plus difficile de répondre à l'accusation de méfait, car on dira alors qu'il n'y a pas de défense valable à offrir.

Je n'ai pas eu l'habitude d'exposer mes affaires au regard du public, mais j'ai compris que si ma famille et mes amis veulent un compte-rendu de ce qui s'est passé et qui pourrait faire la lumière sur des questions qui ont été quelque peu discutées, il est juste que je cède à leur conseil et que je reprenne de manière informelle certains des événements qui ont rendu la vie intéressante pour moi.

Il y a encore une autre raison de parler maintenant : si un dixième des choses qui ont été dites sont vraies, alors ces dizaines d'hommes capables et fidèles qui ont été associés à moi, dont beaucoup sont décédés, ont dû commettre de graves fautes. Pour ma part, j'avais décidé de ne rien dire, espérant qu'après ma mort, la vérité remonterait peu à peu à la surface et que la postérité rendrait une stricte justice ; mais tant que je vis et que je peux témoigner de certaines choses, il me semble juste de faire référence à certains points qui, je l'espère, contribueront à présenter sous un jour nouveau plusieurs événements dont on a beaucoup parlé. Je suis convaincu qu'ils n'ont pas été entièrement compris.

Toutes ces choses affectent la mémoire des hommes morts et la vie des hommes vivants, et il n'est que raisonnable que le public [vii] dispose de quelques faits de première main pour se faire une idée finale.

Lorsque ces mémoires ont été commencées, on ne pensait évidemment pas qu'elles iraient un jour jusqu'à figurer sous la couverture d'un livre. Elles n'ont pas été préparées avec l'idée d'une autobiographie, même informelle, il y avait peu d'idée d'ordre ou de séquence, et aucune pensée d'exhaustivité.

Il m'aurait été agréable et satisfaisant de m'attarder sur les histoires de compagnonnage quotidien et intime qui ont existé pendant tant d'années avec mes proches partenaires et associés, mais je me rends compte que, bien que ces expériences aient toujours été pour moi l'un des grands plaisirs de ma vie, un long récit de celles-ci n'intéresserait pas le lecteur, et il se trouve donc que je n'ai mentionné que les noms de quelques-uns des nombreux partenaires qui ont été si actifs dans le développement des intérêts commerciaux auxquels j'ai été associé.

J.D.R.

Mars 1909.

CHAPITRE I : DE VIEUX AMIS

Puisque ces souvenirs sont vraiment ce qu'ils prétendent être, c'est-à-dire aléatoires et informels, j'espère qu'on me pardonnera de noter tant de petites choses.

Lorsque je jette un regard sur ma vie, les impressions qui me viennent le plus vivement à l'esprit sont les images mentales de mes anciens associés. En parlant de ces amis dans ce chapitre, je ne voudrais pas que l'on pense que beaucoup d'autres, dont je n'ai pas parlé, étaient moins importants pour moi, et j'espère pouvoir aborder ce sujet de mes premiers amis dans un chapitre ultérieur.

Il n'est pas toujours possible de se rappeler comment on a rencontré pour la première fois un vieil ami ou quelles ont été ses impressions, mais je n'oublierai jamais ma première rencontre avec M. John D. Archbold, qui est maintenant vice-président de la Standard Oil Company.

À cette époque, il y a trente-cinq ou quarante ans, je parcourais le pays pour me rendre là où quelque chose se passait, pour parler avec les producteurs, les raffineurs, les agents, et pour faire connaissance.

Un jour, il y avait un rassemblement d'hommes quelque part près des régions pétrolières, et quand je suis arrivé à l'hôtel, qui était plein d'hommes du pétrole, j'ai vu ce nom écrit en gros sur le registre :

John D. Archbold, 4,00 $ le baril.

C'était un jeune homme enthousiaste, tellement passionné par son sujet qu'il a ajouté son slogan, "4,00 $ le baril", après sa signature sur le registre, afin que personne ne se méprenne sur ses convictions. Le cri de guerre de 4,00 $ le baril était d'autant plus frappant que le pétrole brut se vendait alors beaucoup moins cher, et cette campagne pour un prix plus élevé a certainement attiré l'attention - c'était beaucoup trop beau pour être vrai. Mais si M. Archbold a dû admettre en fin de compte que le pétrole brut ne vaut pas "4,00 $ le baril", son enthousiasme, son énergie et son splendide pouvoir sur les hommes ont perduré.

Il a toujours eu un sens de l'humour bien développé et, lors d'une occasion sérieuse, alors qu'il était à la barre des témoins, l'avocat de la partie adverse lui a posé une question :

"M. Archbold, êtes-vous un directeur de cette société ? "

"Je le suis."

" Quel est votre rôle dans cette entreprise ? "

Il a rapidement répondu : " Réclamer des dividendes ", ce qui a amené l'avocat à repartir sur une autre ligne.

Je ne cesse de m'étonner de sa capacité à travailler dur. Je ne le vois pas souvent maintenant, car il a de grandes affaires sur les bras, tandis que je vis comme un fermier, loin des événements actifs des affaires, jouant au golf, plantant des arbres ; et pourtant je suis si occupé qu'aucune journée n'est assez longue.

Parler de M. Archbold m'amène à dire encore une fois que j'ai reçu beaucoup plus de crédit que je ne le mérite en ce qui concerne la Standard Oil Company. J'ai eu la chance d'aider à réunir les hommes efficaces qui sont les forces dirigeantes de l'organisation et de travailler main dans la main avec eux pendant de nombreuses années, mais ce sont eux qui ont accompli les tâches difficiles.

La grande majorité de mes associations ont été faites il y a tant d'années que j'ai atteint l'âge où il ne se passe presque pas un mois (parfois, je pense qu'il ne se passe presque pas une semaine) sans que je sois appelé à envoyer un message de consolation à une famille avec laquelle nous étions liés et qui a rencontré un nouveau deuil. Ce n'est que récemment que j'ai compté les noms de mes anciens associés qui sont décédés. Avant d'avoir terminé, j'ai constaté que la liste comptait une soixantaine de personnes ou plus. C'étaient des amis fidèles et sincères ; nous avions travaillé ensemble à travers de nombreuses difficultés, et traversé ensemble de nombreuses épreuves sévères. Nous avions discuté, argumenté et martelé des questions jusqu'à ce que nous soyons d'accord, et j'ai toujours été heureux de sentir que nous avions été francs et honnêtes les uns envers les autres. Sans cela, les associés ne peuvent tirer le meilleur parti de leur travail.

Ce n'est pas toujours la tâche la plus facile d'amener des hommes forts et énergiques à se mettre d'accord. Nous avons toujours eu pour politique d'écouter patiemment et de discuter franchement jusqu'à ce que le dernier élément de preuve soit sur la table, avant d'essayer de parvenir à une conclusion et de décider finalement d'une ligne de conduite. En travaillant avec autant de partenaires, les conservateurs ont tendance à être majoritaires, et c'est sans doute une chose souhaitable lorsque le simple élan d'une grande entreprise est certain de la faire avancer. Les hommes qui ont eu beaucoup de succès sont donc conservateurs, car ils ont beaucoup à perdre en cas de désastre. Mais heureusement, il y a aussi ceux qui sont agressifs et plus audacieux, et ce sont généralement les plus jeunes de l'entreprise, peut-être peu nombreux, mais impétueux et convaincants. Ils veulent accomplir des choses et aller vite, sans se soucier de la quantité de travail ou de responsabilité. Je me souviens en particulier d'une expérience où l'influence conservatrice a rencontré le côté progressif, ou, si je puis dire, audacieux. En tout cas, c'est ce côté que je représentais dans cette affaire.

ARGUMENTS CONTRE LE CAPITAL

L'un de mes partenaires, qui avait réussi à bâtir une entreprise importante et prospère, résistait de toutes ses forces à un plan que certains d'entre nous favorisaient, celui d'apporter quelques améliorations importantes. Le coût de l'extension des opérations de cette entreprise était estimé à une somme considérable - trois millions de dollars, je crois. Nous en avions parlé maintes et maintes fois, et avec plusieurs autres associés, nous avions discuté de tous les avantages et inconvénients ; et nous avions utilisé tous les arguments possibles pour démontrer que le plan serait non seulement rentable, mais qu'il était vraiment nécessaire pour maintenir l'avance que nous avions. Notre vieil associé était obstiné, il avait décidé de ne pas céder, et je le revois debout dans sa vigoureuse protestation, les mains dans les poches, la tête rejetée en arrière, alors qu'il criait "Non".

Il est dommage d'amener un homme à défendre une position dans un débat au lieu d'examiner les preuves. Son jugement calme est susceptible de le quitter, et son esprit est pour le moment fermé, et seule l'obstination demeure. Ces améliorations devaient être apportées - comme je l'ai déjà dit, c'était essentiel. Pourtant, nous ne pouvions pas nous disputer avec notre ancien partenaire, mais une minorité d'entre nous avait décidé que nous devions essayer de le faire céder, et nous avons résolu d'essayer une autre ligne d'argumentation, et nous lui avons dit :

" Vous dites que nous n'avons pas besoin de dépenser cet argent ? "

"Non, répondit-il, il faudra probablement attendre de nombreuses années avant de devoir dépenser une telle somme. Il n'y a pas de besoin actuel pour ces installations que vous voulez créer, et les travaux vont bien comme ils sont - laissons les choses aller."

Notre partenaire était un homme très sage et expérimenté, plus âgé et plus familier avec le sujet que certains d'entre nous, et nous lui avons avoué tout cela ; mais nous avions pris la décision, comme je l'ai dit, de réaliser cette idée si nous pouvions obtenir son approbation, et nous étions prêts à attendre jusque-là. Dès que la discussion se fut calmée, et que la chaleur de notre discussion fut passée, le sujet fut remis sur le tapis. J'avais pensé à une nouvelle façon de l'aborder. J'ai dit :

"Je vais le prendre, et fournir ce capital moi-même. Si la dépense s'avère rentable, la société pourra me rembourser ; et, si elle tourne mal, je supporterai la perte."

C'est l'argument qui l'a touché. Toute sa réserve a disparu et l'affaire a été réglée quand il a dit :

"Si c'est comme ça que tu le sens, on le fera ensemble. Je suppose que je peux prendre le risque si tu le peux."

Je suppose qu'on se demande toujours, dans toute entreprise, à quelle vitesse il est sage d'aller, et nous allions assez vite à cette époque, construisant et nous développant dans toutes les directions. Nous étions constamment confrontés à de nouvelles urgences. Un nouveau gisement de pétrole était découvert, des réservoirs de stockage devaient être construits presque du jour au lendemain, et ce, alors que les anciens gisements étaient épuisés. Nous étions donc souvent soumis à la double contrainte de perdre les installations d'un endroit où nous étions pleinement équipés et de devoir construire une usine de stockage et de transport dans un nouveau gisement où nous n'étions absolument pas préparés. Ce sont là quelques-unes des choses qui font de tout le commerce du pétrole un commerce périlleux, mais nous avions avec nous un groupe d'hommes courageux qui reconnaissaient le grand principe selon lequel une entreprise ne peut être un grand succès si elle n'accepte pas pleinement et efficacement et ne profite pas de ses opportunités.

Combien de fois avons-nous discuté de ces questions difficiles ! Certains d'entre nous voulaient se lancer immédiatement dans de grandes dépenses, et d'autres s'en tenir à des dépenses plus modérées. Il s'agissait généralement d'un compromis, mais l'un après l'autre, nous avons abordé ces questions et les avons réglées, sans jamais aller aussi vite que le souhaitaient les plus progressistes, ni aussi prudemment que le souhaitaient les conservateurs, mais en faisant toujours l'unanimité à la fin.

LA JOIE DE LA RÉUSSITE

Le rôle joué par l'un de mes premiers partenaires, M. H.M. Flagler, a toujours été une source d'inspiration pour moi. Il voulait invariablement aller de l'avant et réaliser de grands projets de toutes sortes, il était toujours du côté actif de chaque question, et c'est à sa merveilleuse énergie qu'est due une grande partie du progrès rapide de la société dans les premiers temps.

On attendait d'un tel homme qu'il accomplisse sa destinée en résolvant de grands problèmes à une époque où la plupart des hommes souhaitent se retirer dans une vie confortable et aisée. Cela n'aurait pas plu à mon vieil ami. Il a entrepris, seul, la tâche de construire la côte est de la Floride. Il ne s'est pas contenté de planifier un chemin de fer de St Augustine à Key West - une distance de plus de six cents miles, ce qui aurait été considéré comme une entreprise assez grande pour presque n'importe quel homme - mais il a en plus construit une chaîne de superbes hôtels pour inciter les touristes à se rendre dans ce pays nouvellement développé. De plus, il les a fait gérer avec beaucoup de compétence et de succès.

Cet homme, par sa propre énergie et ses capitaux, a ouvert une vaste étendue de pays, de sorte que les anciens habitants et les nouveaux colons peuvent avoir un marché pour leurs produits. Il a donné du travail à des milliers de personnes et, pour couronner le tout, il a entrepris et presque achevé un remarquable exploit d'ingénierie en transportant sa route sur les Florida Keys dans l'océan Atlantique jusqu'à Key West, le point prévu depuis des années.

Pratiquement tout cela a été fait après ce que la plupart des hommes auraient considéré comme une vie professionnelle bien remplie, et un homme de toute autre nationalité se trouvant dans la même situation que lui se serait retiré pour profiter des fruits de son travail.

J'ai connu M. Flagler comme un jeune homme qui vendait des produits à Clark & Rockefeller. C'était un jeune homme brillant et actif, plein d'entrain et de dynamisme. À peu près au moment où nous nous sommes lancés dans les affaires pétrolières, M. Flagler s'est établi comme marchand de commissions dans le même immeuble que M. Clark, qui a repris et succédé à la firme Clark & Rockefeller. Un peu plus tard, il a racheté M. Clark et a combiné son commerce avec le sien.

Naturellement, je le voyais de plus en plus. Les relations d'affaires qui avaient commencé par la manutention des produits qu'il expédiait à notre ancienne société se sont transformées en amitié commerciale, car les gens qui vivent dans une ville relativement petite, comme l'était Cleveland à l'époque, sont beaucoup plus souvent réunis que dans une ville comme New York. Lorsque l'activité pétrolière s'est développée et que nous avons eu besoin de plus d'aide, j'ai tout de suite pensé à M. Flagler comme partenaire possible, et je lui ai proposé de venir avec nous et de renoncer à son activité de commissionnaire. Il accepta cette offre et c'est ainsi que commença cette amitié de toute une vie qui n'a jamais été interrompue. C'était une amitié fondée sur les affaires, dont M. Flagler avait l'habitude de dire qu'elle était bien meilleure qu'une affaire fondée sur l'amitié, et mon expérience m'amène à être d'accord avec lui.

Pendant des années et des années, ce premier partenaire et moi avons travaillé côte à côte ; nos bureaux étaient dans la même pièce. Nous habitions tous les deux sur Euclid Avenue, à quelques mètres l'un de l'autre. Nous nous rencontrions et marchions ensemble jusqu'au bureau, rentrions à la maison pour déjeuner, revenions après le déjeuner, et rentrions à nouveau le soir. Au cours de ces promenades, lorsque nous étions à l'abri des interruptions du bureau, nous réfléchissions, parlions et planifions ensemble. M. Flagler a dessiné pratiquement tous nos contrats. Il a toujours eu la faculté de pouvoir exprimer clairement l'intention et le but d'un contrat, si bien et si précisément qu'il ne pouvait y avoir aucun malentendu, et ses contrats étaient équitables pour les deux parties. Je me souviens qu'il disait souvent que lorsque vous concluez un accord, vous devez mesurer les droits et les privilèges des deux parties avec le même critère, et c'est ce qu'a fait Henry M. Flagler.

M. Flagler a été appelé à accepter un contrat qu'à ma grande surprise il a immédiatement passé avec son O.K. et sans poser de question. Nous avions décidé d'acheter le terrain sur lequel une de nos raffineries était construite et qui était loué à John Irwin, que nous connaissions bien. M. Irwin avait dessiné le contrat d'achat de ce terrain au dos d'une grande enveloppe en papier kraft qu'il avait prise au bureau. La description de la propriété se déroulait comme le font habituellement les contrats de ce genre jusqu'à ce qu'il arrive à la phrase " la ligne va vers le sud jusqu'à une tige mullen ", etc. Cela m'a semblé un peu indéfini, mais M. Flagler a dit :

"C'est bon, John. J'accepte ce contrat, et quand l'acte de propriété arrivera, vous verrez que la tige mullen sera remplacée par un pieu approprié et que tout le document sera précis et en ordre." Bien sûr, tout s'est passé exactement comme il l'avait dit. Je suis presque tenté de dire que certains avocats pourraient s'asseoir à ses pieds et apprendre des choses sur la rédaction de contrats qu'ils devraient connaître, mais nos amis juristes pourraient penser que je suis partial, alors je n'insisterai pas sur ce point.

Une autre chose à propos de M. Flagler, pour laquelle je pense qu'il mérite un grand crédit, c'est que dans les premiers temps, il a insisté pour que, lorsqu'une raffinerie devait être construite, elle soit différente des minces cabanes que l'on avait alors l'habitude de construire. Tout le monde avait tellement peur que le pétrole disparaisse et que l'argent dépensé en bâtiments soit une perte que les bâtiments les plus mesquins et les moins chers ont été construits pour servir de raffineries. C'est le genre de chose auquel M. Flagler s'opposait. Bien qu'il ait dû admettre qu'il était possible que l'approvisionnement en pétrole échoue et que les risques du commerce étaient grands, il a toujours cru que si nous nous lancions dans le commerce du pétrole, nous devions faire le travail aussi bien que nous savions le faire ; que nous devions avoir les meilleures installations ; que tout devait être solide et substantiel ; et que rien ne devait être négligé pour produire les meilleurs résultats. Il a suivi ses convictions en construisant comme si le métier allait durer, et le courage dont il a fait preuve en agissant selon ses convictions a posé des bases solides pour les années suivantes.

Il y a un certain nombre de personnes encore en vie qui se souviendront avec satisfaction du jeune Flagler, brillant et franc, de cette époque. À l'époque où nous avons acheté certaines raffineries à Cleveland, il était très actif. Un jour, il rencontra dans la rue un vieil ami, un boulanger allemand, à qui il avait vendu de la farine dans le passé. Son ami lui dit qu'il avait abandonné la boulangerie et avait construit une petite raffinerie. Cela a surpris M. Flagler, et il n'aimait pas l'idée que son ami investisse sa petite fortune dans une petite usine dont il était sûr qu'elle ne réussirait pas. Mais au début, il ne semblait rien pouvoir y faire. Il y a pensé pendant quelques jours. De toute évidence, cela le troublait. Finalement, il est venu me voir et m'a dit :

"Ce petit homme boulanger en sait plus sur la pâtisserie que sur le raffinage du pétrole, mais je me sentirais mieux si nous l'invitions à nous rejoindre - je l'ai sur la conscience."

J'ai bien sûr accepté. Il en a parlé à son ami, qui a dit qu'il vendrait volontiers si nous envoyions un évaluateur pour estimer son usine, ce que nous avons fait, et une difficulté inattendue est alors survenue. Le prix auquel l'usine devait être achetée était satisfaisant, mais l'ancien boulanger a insisté pour que M. Flagler lui dise s'il devait recevoir sa paie en espèces ou en certificats de la Standard Oil au pair. Il a dit à M. Flagler que s'il le prenait en espèces, il paierait toutes ses dettes, et qu'il serait heureux d'avoir l'esprit libre de beaucoup d'inquiétudes ; mais si M. Flagler disait que les certificats allaient payer de bons dividendes, il voulait entrer dans une bonne affaire et la suivre. C'était une proposition plutôt difficile à faire à M. Flagler, et il a d'abord refusé de conseiller ou d'exprimer une opinion, mais l'Allemand lui a collé à la peau et ne l'a pas laissé se dérober à une responsabilité qui ne lui appartenait pas du tout. Finalement, M. Flagler lui a suggéré de prendre la moitié de la somme en espèces et de payer 50 pour cent de ses dettes, et de mettre l'autre moitié en certificats, et de voir ce qui se passait. C'est ce qu'il a fait, et au fil du temps, il a acheté davantage de certificats, et M. Flagler n'a jamais eu à s'excuser pour le conseil qu'il lui a donné. Je suis convaincu que mon ancien partenaire a consacré à cette affaire autant de temps et de réflexion qu'il l'a fait pour n'importe lequel de ses grands problèmes, et cet incident peut être considéré comme une mesure de l'homme.

LA VALEUR DES AMITIÉS

Mais ces récits de vieillards peuvent difficilement être intéressants pour la génération actuelle, bien qu'ils ne soient peut-être pas inutiles si même les histoires fatigantes font comprendre aux jeunes gens combien, par-dessus tous les autres biens, est la valeur d'un ami dans tous les départements de la vie sans aucune exception.

Combien de sortes différentes d'amis il y a ! Il faut les garder près de soi à tout prix ; car, bien que certains soient meilleurs que d'autres, peut-être, un ami, quel qu'il soit, est important ; et cela, on l'apprend en vieillissant. Il y a le type d'ami qui, lorsque vous avez besoin d'aide, a une bonne raison pour laquelle il est impossible de vous aider.

"Je ne peux pas cautionner votre note", dit-il, "parce que j'ai un accord avec mes partenaires pour ne pas le faire".

"J'aimerais vous obliger, mais je peux vous expliquer pourquoi pour le moment", etc.

Je n'ai pas l'intention de critiquer ce genre d'amitié ; car parfois c'est une question de tempérament ; et parfois les nécessités réelles sont telles que l'ami ne peut pas faire ce qu'il aimerait faire. Quand je repense à mes amis, je ne me souviens que de quelques-uns de ce genre et d'un bon nombre de ceux qui sont plus capables. J'avais un ami particulier. Il s'appelait S.V. Harkness et, dès le début de notre rencontre, il a semblé avoir toute confiance en moi.

Un jour, nos entrepôts de pétrole et notre raffinerie ont brûlé en quelques heures - ils ont été absolument anéantis. Bien qu'elles soient assurées pour plusieurs centaines de milliers de dollars, nous appréhendions de collecter un tel montant d'assurance, et craignions que cela ne prenne un certain temps à organiser. L'usine devait être reconstruite immédiatement, et il était nécessaire d'établir les plans financiers. M. Harkness s'intéressait avec nous à l'entreprise, et je lui ai dit :

"Il se peut que je doive faire appel à vous pour l'utilisation d'un peu d'argent. Je ne sais pas si nous en aurons besoin, mais j'ai pensé vous en parler à l'avance."

Il a accepté la situation sans trop d'explications de ma part. Il a simplement entendu ce que j'avais à dire et c'était un homme de peu de mots.

"D'accord, J.D., je vais te donner tout ce que j'ai." C'est tout ce qu'il a dit, mais je suis rentré chez moi ce soir-là, soulagé de toute anxiété. Il s'est avéré que nous avons reçu le chèque de la Liverpool, London & Globe Insurance Company pour le montant total avant que les constructeurs n'exigent les paiements ; et bien que nous n'ayons pas eu besoin de son argent, je n'oublierai jamais la manière sincère dont il l'a offert.

Et ce genre d'expérience n'était pas, je suis reconnaissant de le dire, rare chez moi. J'ai toujours été un grand emprunteur à mes débuts ; l'entreprise était active et se développait rapidement, et les banques semblaient très disposées à me prêter de l'argent. À peu près à cette époque, alors que notre grand millier avait fait apparaître de nouvelles conditions, j'étudiais la situation pour voir quels seraient nos besoins de trésorerie. Nous avions l'habitude de nous préparer aux urgences financières bien avant d'avoir besoin des fonds.

Un autre incident s'est produit à cette époque, qui a montré une fois de plus le genre de vrais amis que nous avions à l'époque, mais je n'ai entendu l'histoire complète que de longues années après l'événement.

Il y avait une banque où nous avions fait beaucoup d'affaires, et un de mes amis, M. Stillman Witt, qui était un homme riche, était l'un des directeurs. Lors d'une réunion, la question s'est posée de savoir ce que la banque ferait au cas où nous voudrions plus d'argent. Afin que personne ne puisse douter de sa propre position sur le sujet, M. Witt a fait appel à son coffre-fort et a dit :

"Ici, messieurs, ces jeunes gens sont tous O.K. , et s'ils veulent emprunter plus d'argent, je veux que cette banque les avance sans hésitation, et si vous voulez plus de sécurité, la voici ; prenez ce que vous voulez."

Nous expédions alors une grande quantité de pétrole par lac et par canal, afin d'économiser sur le transport, et il fallait des capitaux supplémentaires pour transporter ces cargaisons ; et nous devions emprunter une grande quantité d'argent. Nous avions déjà fait des prêts importants auprès d'une autre banque, dont le président m'a informé que son conseil d'administration s'était renseigné sur notre importante ligne d'escomptes et avait déclaré qu'il souhaiterait probablement s'entretenir avec moi à ce sujet. J'ai répondu que je serais très heureux de pouvoir rencontrer le conseil, car nous aurions besoin de beaucoup plus d'argent de la banque. Il suffit de dire que nous avons obtenu tout ce que nous voulions, mais qu'on ne m'a pas demandé d'autres explications.

Mais je crains d'en dire trop sur les banques, l'argent et les affaires. Je ne connais rien de plus méprisable et de plus pathétique qu'un homme qui consacre toutes ses heures de veille à faire de l'argent pour l'argent. Si j'avais quarante ans de moins, j'aimerais me lancer à nouveau dans les affaires, car la fréquentation d'hommes intéressants et à l'esprit vif a toujours été un grand plaisir. Mais je ne manque pas d'intérêts pour remplir mes journées, et tant que je vivrai, je compte poursuivre et développer les plans qui m'ont inspiré toute ma vie.

Pendant toute la longue période de travail, qui a duré de l'âge de seize ans jusqu'à ce que je me retire des affaires actives à l'âge de cinquante-cinq ans, je dois admettre que j'ai réussi à obtenir un bon nombre de vacances d'une sorte ou d'une autre, grâce à la volonté de mes associés les plus efficaces d'assumer les fardeaux des affaires qu'ils étaient si éminemment qualifiés pour mener à bien.

J'ai le sentiment d'avoir fait toute ma part dans le travail de détail. Lorsque j'ai commencé ma vie professionnelle en tant que comptable, j'ai appris à avoir un grand respect pour les chiffres et les faits, aussi petits soient-ils. Lorsqu'il y avait une question de comptabilité à faire en rapport avec un plan auquel j'étais associé dans les premières années, j'étais généralement choisi pour l'entreprendre. J'avais une passion pour les détails que j'ai dû m'efforcer de modifier par la suite.

À Pocantico Hills, dans l'État de New York, où j'ai passé une partie de mon temps pendant de nombreuses années dans une vieille maison où les belles vues invitent l'âme et où nous pouvons vivre simplement et tranquillement, j'ai passé de nombreuses heures délicieuses à étudier les belles vues, les arbres et les beaux paysages de cette section très intéressante de la rivière Hudson, et ce, à une époque où je semblais avoir besoin de chaque minute pour répondre aux exigences absorbantes des affaires. Je crains donc qu'après avoir bien commencé, je n'étais pas ce qu'on pourrait appeler un homme d'affaires diligent.

Cette phrase, "diligent dans les affaires", me rappelle un de mes vieux amis de Cleveland qui était dévoué à son travail. Je lui ai parlé, et l'ai sans doute ennuyé au plus haut point, de mon passe-temps particulier, qui a toujours été ce que certains appellent le jardinage paysager, mais qui pour moi est l'art de tracer des routes, des chemins et des travaux de ce genre. Cet ami d'il y a trente-cinq ans désapprouvait manifestement qu'un homme d'affaires perde son temps à faire ce qu'il considérait comme une simple bêtise.

Par une superbe journée de printemps, je lui ai proposé de passer l'après-midi avec moi (une suggestion tout à fait inhabituelle et imprudente pour un homme d'affaires à l'époque) et de voir de beaux sentiers dans les bois de ma propriété, que j'avais planifiés et presque achevés. Je suis allé jusqu'à lui dire que je lui ferais un vrai plaisir.

"Je ne peux pas, John", a-t-il dit, "J'ai une affaire importante à régler cet après-midi."

"Tout cela est possible", ai-je insisté, "mais cela ne vous procurera pas un plaisir aussi grand que celui que vous aurez en voyant ces chemins, le grand arbre de chaque côté et——".

"Continuez, John, avec votre discours sur les arbres et les chemins. Je vous dis que j'ai un navire de minerai qui arrive et que nos usines l'attendent." Il se frotta les mains avec satisfaction : "Je ne manquerais pas de le voir arriver pour tous les chemins de bois de la chrétienté." Il obtenait alors 120 à 130 $ la tonne pour les rails en acier Bessemer, et si son usine s'arrêtait une minute en attendant le minerai, il sentait qu'il ratait la chance de sa vie.

C'est peut-être ce même homme qui regardait souvent le lac en tendant tous ses nerfs pour essayer de voir un navire-minéralier approcher. Un jour, un de ses amis lui a demandé s'il pouvait voir le bateau.

"Non-o, non-o", a-t-il admis à contrecœur, "mais elle est quasiment visible".

Ce commerce du minerai était d'un grand intérêt pour Cleveland. Mon ancien employeur était payé 4 dollars la tonne pour transporter le minerai des régions de Marquette il y a cinquante ans. Ah, quand on pense à la méchanceté de ce fabricant de chemins forestiers, qui, plus tard, transportait le minerai dans de grands navires pour 80 cents la tonne et faisait fortune.

Tout cela me rappelle mes expériences dans le domaine du minerai, mais j'y reviendrai plus tard. Je voudrais dire quelque chose sur le jardinage paysager, auquel j'ai consacré beaucoup de temps pendant plus de trente ans.

LES PLAISIRS DE LA PLANIFICATION ROUTIÈRE

Comme mon vieil ami, d'autres peuvent être surpris par ma prétention à être un architecte paysagiste amateur à la petite semaine, et ma famille est connue pour employer un grand paysagiste pour s'assurer que je ne gâche pas l'endroit. Le problème était de savoir où placer la nouvelle maison à Pocantico Hills, qui a été construite récemment. Je pensais avoir l'avantage de connaître chaque mètre de terrain, tous les vieux grands arbres étaient mes amis personnels, et les vues de n'importe quel point donné m'étaient parfaitement familières - je les avais étudiées des centaines de fois ; et après que ce grand architecte paysagiste eut tracé ses plans et planté ses lignes de piquets, j'ai demandé si je pouvais voir ce que je pouvais faire avec ce travail.

En quelques jours, j'avais élaboré un plan si bien conçu que les routes offraient les meilleures vues aux angles où, en montant la colline, on tombait sur des points de vue impressionnants, et à la fin, il y avait l'explosion finale de la rivière, de la colline, des nuages et de la grande étendue du pays pour couronner le tout ; et c'est là que j'ai fixé mes piquets pour montrer où je suggérais que les routes passent, et finalement l'endroit exact où la maison devrait être.

"Regardez tout", ai-je dit, "et décidez quel plan est le meilleur". Ce fut un moment de fierté lorsque cette véritable autorité accepta mes suggestions comme faisant ressortir les points de vue les plus favorables et se mit d'accord sur l'emplacement de la maison. Je peux difficilement calculer le nombre de kilomètres de routes que j'ai tracés en mon temps, mais j'ai souvent travaillé jusqu'à l'épuisement. En arpentant des routes, j'ai tracé des lignes jusqu'à ce que l'obscurité empêche de voir les petits piquets et les drapeaux. Il est bien vain de ma part de raconter ces entreprises paysagères, mais peut-être compenseront-elles les discussions d'affaires qui occupent une si grande partie de mon récit.

Mes méthodes de traitement des affaires différaient de celles de la plupart des marchands bien élevés de mon époque et me laissaient plus de liberté. Même après que les principales affaires de la Standard Oil Company aient été transférées à New York, j'ai passé la plupart de mes étés dans notre maison de Cleveland, et je le fais encore. Je venais à New York lorsque ma présence semblait nécessaire, mais la plupart du temps, je restais en contact avec l'entreprise grâce à nos propres fils télégraphiques, et j'étais libre de m'occuper de nombreuses choses qui m'intéressaient - entre autres, la création de chemins, la plantation d'arbres et la création de petites forêts de jeunes plants.

De toutes les choses profitables qui se développent rapidement sous la main, j'ai pensé que mes jeunes pépinières montrent le plus grand rendement. Nous tenons un livre de comptes pour chaque endroit, et j'ai été étonné, il n'y a pas longtemps, de l'augmentation de valeur que quelques années font dans les choses qui poussent, lorsque nous sommes venus déplacer quelques jeunes arbres du comté de Westchester à Lakewood, New Jersey. Nous plantons nos jeunes arbres, surtout les conifères, par milliers - je pense que nous en avons mis jusqu'à dix mille d'un coup, et nous les laissons se développer, pour les utiliser plus tard dans certains de nos plans de plantation. Si nous transférons de jeunes arbres de Pocantico à notre maison de Lakewood, nous facturons un endroit et créditons l'autre pour ces arbres au taux du marché. Nous sommes nos meilleurs clients et nous faisons une petite fortune en vendant à notre maison du New Jersey, à 1,50 $ ou 2 $ l'unité, des arbres qui ne nous coûtaient à l'origine que 5 ou 10 cents à Pocantico.

Dans le domaine des pépinières, comme dans d'autres domaines, l'avantage de faire les choses à grande échelle se révèle. Le plaisir et la satisfaction de sauver et de déplacer de grands arbres - des arbres de dix à vingt pouces de diamètre, ou même plus dans certains cas - ont été pendant des années une source de grand intérêt. Nous construisons nous-mêmes nos déménageurs et travaillons avec nos propres hommes, et il est vraiment surprenant de constater les libertés que l'on peut prendre avec les arbres, si l'on apprend à manipuler ces monstres. Nous avons déplacé des arbres de quatre-vingt-dix pieds de haut, et beaucoup de soixante-dix ou quatre-vingts pieds. Et naturellement, ils ne sont pas du tout jeunes. À un moment ou à un autre, nous avons essayé presque toutes les sortes d'arbres, y compris certains qui, selon les autorités, ne pouvaient être déplacés avec succès. Les expériences les plus audacieuses ont sans doute porté sur les marronniers d'Inde. Nous avons pris de grands arbres, les avons transportés sur des distances considérables, certains d'entre eux après qu'ils aient été en fleur, le tout pour un coût de vingt dollars par arbre, et nous en avons perdu très peu. Nous avons eu tellement de succès que nous sommes devenus plutôt imprudents, en tentant des expériences hors saison, mais lorsque nous avons travaillé sur des plans que nous avions déjà essayés, nos résultats ont été remarquablement satisfaisants.

Si l'on prend en compte nos expériences sur plusieurs centaines d'arbres de différentes sortes, en saison et hors saison, et en incluant la période où nous apprenions l'art, notre perte totale a été d'un peu moins de 10 pour cent, probablement plus près de 6 ou 7 pour cent. Une campagne entière d'abattage d'arbres en une seule saison a été accomplie avec une perte d'environ 3 pour cent. Je suis prêt à admettre que dans le cas des plus grands arbres, la croissance a été retardée de deux ans peut-être, mais c'est une petite affaire, car les gens ne sont plus jeunes et souhaitent obtenir les effets qu'ils désirent immédiatement, et l'arracheur d'arbres moderne le fait. Nous avons regroupé et arrangé des bouquets de grands épicéas pour répondre aux objectifs que nous recherchions, et parfois nous en avons entièrement recouvert une colline. Nous n'avons pas réussi avec les chênes, sauf lorsqu'ils étaient relativement jeunes, et nous n'essayons pas de déplacer les chênes et les caryers lorsqu'ils sont presque arrivés à maturité ; mais nous avons fait quelques expériences réussies avec le bois de Bass, et nous avons déplacé l'un d'eux trois fois sans le blesser. Les bouleaux nous ont généralement déconcertés, mais les arbres à feuilles persistantes, à l'exception des cèdres, ont presque toujours été manipulés avec succès.

Ce désir d'avoir une belle vue a dû être une passion précoce chez moi. Je me souviens alors que j'étais à peine plus qu'un garçon, je voulais couper un grand arbre qui, selon moi, gênait la vue depuis les fenêtres de la salle à manger de notre maison. J'étais pour l'abattre, mais d'autres membres de la famille s'y sont opposés, bien que ma chère mère, je pense, ait sympathisé avec moi, comme elle l'a dit un jour : "Tu sais, mon fils, nous prenons le petit déjeuner à huit heures, et je pense que si l'arbre était abattu quelque temps avant que nous nous mettions à table, il n'y aurait probablement pas de grandes plaintes lorsque la famille verrait la vue que l'arbre tombé révèle."

C'est ce qui s'est passé.

CHAPITRE II : L'ART DIFFICILE D'OBTENIR

J'ai une grande dette envers mon père, car il m'a lui-même formé à la pratique. Il était engagé dans différentes entreprises ; il avait l'habitude de me parler de ces choses, en m'expliquant leur signification ; et il m'a enseigné les principes et les méthodes des affaires. Dès mon enfance, j'ai tenu un petit livre que je me souviens avoir appelé le Grand livre A - et ce petit volume est toujours conservé - contenant mes recettes et mes dépenses ainsi qu'un compte des petites sommes que l'on m'a appris à donner régulièrement.

Naturellement, les personnes de condition modeste mènent une vie de famille plus étroite que celles qui ont beaucoup de domestiques pour tout faire à leur place. Je considère comme une bénédiction le fait d'avoir appartenu à la première classe. À l'âge de sept ou huit ans, je me suis lancé dans ma première entreprise commerciale avec l'aide de ma mère. Je possédais quelques dindes, et elle m'a offert le caillé du lait pour les nourrir. J'ai pris soin des oiseaux moi-même, et je les ai tous vendus à la manière d'une entreprise. Mes recettes étaient toutes des bénéfices, car je n'avais rien à faire avec le compte de dépenses, et mes registres étaient tenus aussi soigneusement que je savais le faire.

Nous avons beaucoup apprécié cette petite affaire, et je peux encore fermer les yeux et voir distinctement ces oiseaux doux et dignes se promener tranquillement le long du ruisseau et à travers les bois, ouvrant prudemment la voie à leurs nids. Aujourd'hui encore, j'apprécie la vue d'un troupeau de dindes et je ne manque jamais une occasion de les étudier.

Ma mère était très disciplinée et maintenait le niveau de la famille à l'aide d'un interrupteur de bouleau lorsqu'il avait tendance à se détériorer. Une fois, alors que j'étais puni pour des faits malheureux qui s'étaient produits à l'école du village, je me suis senti obligé d'expliquer, après le début du fouet, que j'étais innocent.

"Peu importe", disait ma mère, "nous avons commencé à donner ce coup de fouet, et cela suffira pour la prochaine fois". Cette attitude s'est maintenue jusqu'à son terme de bien des manières. Je me souviens qu'une nuit, nous n'avons pas pu résister à la tentation d'aller patiner au clair de lune, malgré le fait qu'il nous avait été expressément interdit de patiner la nuit. Presque avant de nous mettre en route, nous avons entendu un appel à l'aide, et nous avons découvert qu'un voisin, qui avait brisé la glace, était en danger de se noyer. En poussant une perche vers lui, nous avons réussi à le repêcher et à le rendre sain et sauf à sa famille reconnaissante. Comme on n'attendait généralement pas de nous que nous sauvions la vie d'un homme chaque fois que nous patinions, mon frère William et moi avons pensé qu'il y avait des circonstances atténuantes liées à cette désobéissance particulière qui pourraient être prises en compte dans le jugement final, mais cette idée s'est avérée erronée.

DÉPART AU TRAVAIL

Bien que le plan ait été de m'envoyer à l'université, il m'a semblé préférable, à seize ans, de quitter le lycée dans lequel j'avais presque terminé mes études et d'entrer dans une université commerciale à Cleveland pendant quelques mois. On y enseignait la comptabilité et certains des principes fondamentaux des transactions commerciales. Cette formation, bien qu'elle n'ait duré que quelques mois, m'a été très précieuse. Mais comment trouver un emploi, telle était la question. J'ai arpenté les rues pendant des jours et des semaines, demandant aux marchands et aux commerçants s'ils ne voulaient pas d'un garçon, mais l'offre de mes services n'était guère appréciée. Personne ne voulait d'un garçon, et très peu d'entre eux se montraient très désireux de me parler à ce sujet. Finalement, un homme sur les quais de Cleveland m'a dit que je pouvais revenir après le repas de midi. J'étais ravi ; il semblait maintenant que je pouvais avoir un début de carrière.

J'étais dans une fièvre d'anxiété de peur de perdre cette unique opportunité que j'avais dénichée. Quand enfin le moment me parut venu, je me présentai à mon futur employeur :

"Nous vous donnerons une chance", a-t-il dit, mais pas un mot n'a été échangé entre nous au sujet du salaire. C'était le 26 septembre 1855. Je suis allé travailler avec joie. Le nom de l'entreprise était Hewitt & Tuttle.

En commençant ce travail, j'avais quelques avantages. La formation de mon père, comme je l'ai dit, était pratique, le cours à l'école de commerce m'avait enseigné les rudiments des affaires, et j'avais donc une base sur laquelle m'appuyer. J'avais aussi la chance de travailler sous la supervision du comptable, qui était un bon disciplinaire et bien disposé à mon égard.

Lorsque le mois de janvier 1856 est arrivé, M. Tuttle m'a remis 50 dollars pour mon travail de trois mois, ce qui était sans doute tout ce que je valais, et il était entièrement satisfaisant.

L'année suivante, avec 25 $ par mois, j'ai conservé mon poste, apprenant les détails et le travail de bureau liés à une telle entreprise. Il s'agissait d'une entreprise de commission et d'expédition de produits en gros, mon service étant particulièrement axé sur les tâches de bureau. Juste au-dessus de moi se trouvait le comptable de la maison, qui recevait un salaire de 2 000 $ par année au lieu de sa part des profits de l'entreprise dont il était membre. À la fin de la première année fiscale, lorsqu'il est parti, j'ai assumé son travail de bureau et de comptabilité, pour lequel j'ai reçu un salaire de 500 $.

Lorsque je me penche sur cette période d'apprentissage des affaires, je constate que son influence a été d'une importance vitale dans ses relations avec ce qui a suivi.

Tout d'abord, mon travail s'effectuait dans le bureau de l'entreprise elle-même. J'étais presque toujours présent lorsqu'ils parlaient de leurs affaires, élaboraient leurs plans et décidaient de la marche à suivre. J'avais donc un avantage sur les autres garçons de mon âge, qui étaient plus rapides et qui savaient mieux que moi dessiner et écrire. L'entreprise menait des affaires avec tant de ramifications que cette éducation était assez étendue. Ils possédaient des maisons d'habitation, des entrepôts [38] et des bâtiments qui étaient loués pour des bureaux et divers autres usages, et je devais percevoir les loyers. Ils expédiaient par chemin de fer, canal et lac. Il y avait de nombreux types de négociations et de transactions en cours, et j'étais en contact étroit avec tout cela.

Il se trouve que mes fonctions étaient beaucoup plus intéressantes que celles d'un employé de bureau dans une grande maison aujourd'hui. J'aimais beaucoup mon travail. Peu à peu, la vérification des comptes a été laissée entre mes mains. Je passais d'abord toutes les factures, et je prenais cette tâche très au sérieux.

Un jour, je me souviens, j'étais dans le bureau d'un voisin, lorsque le plombier local s'est présenté avec une facture d'environ un mètre de long. Ce voisin était un de ces hommes très occupés. Il était lié à ce qui me semblait être un nombre illimité d'entreprises. Il a simplement jeté un coup d'œil à cette facture fastidieuse, s'est tourné vers le comptable et a dit :

"Veuillez payer cette facture."

Comme j'étudiais les factures du même plombier dans les moindres détails, que je vérifiais chaque article, ne serait-ce que pour quelques centimes, et que je trouvais qu'il était dans l'intérêt de l'entreprise de le faire, cette façon désinvolte de conduire les affaires ne me plaisait pas. Je m'étais formé au point de vue que partagent sans doute beaucoup de jeunes hommes d'affaires aujourd'hui, à savoir que mon chèque sur une facture était l'acte exécutif qui libérait l'argent de mon employeur de la caisse et qu'il comportait plus de responsabilités que la dépense de mes propres fonds. J'ai décidé que de telles méthodes commerciales ne pouvaient pas réussir.

Le passage des factures, la collecte des loyers, le règlement des réclamations et les travaux de ce genre m'ont amené à côtoyer une grande variété de personnes. J'ai dû apprendre à m'entendre avec toutes ces classes différentes, tout en maintenant des relations agréables entre elles et la maison.

Nous recevions, par exemple, une cargaison de marbre du Vermont à Cleveland. Cela impliquait une manutention par chemin de fer, canal et bateaux de lac. Le coût des pertes ou des dommages devait être fixé d'une manière ou d'une autre entre ces trois différents transporteurs, et il fallait toute l'ingéniosité d'un garçon de dix-sept ans pour résoudre ce problème à la satisfaction de toutes les parties concernées, y compris mes employeurs. Mais je n'ai pas trouvé la tâche difficile et, autant que je m'en souvienne, je n'ai jamais eu de désaccord avec aucun de ces transporteurs. Cette expérience de mener toutes sortes de transactions à un âge aussi impressionnable, avec l'aide de mes supérieurs en cas d'urgence, a été très intéressante pour moi. C'était mon premier pas dans l'apprentissage du principe de la négociation, dont j'espère parler plus tard.

Je suis sûr que la formation que l'on reçoit en travaillant pour quelqu'un d'autre, envers qui on se sent responsable, a été d'une grande valeur pour moi.

Je dois estimer que les salaires de l'époque étaient bien inférieurs à la moitié de ce qui est payé aujourd'hui pour des postes équivalents. L'année suivante, on m'a proposé un salaire de 700 dollars, mais j'ai pensé que je valais 800 dollars. Nous n'avions pas encore réglé la question en avril, et comme une occasion favorable s'était présentée d'exercer la même activité à mon propre compte, j'ai démissionné de mon poste.

À cette époque, à Cleveland, tout le monde connaissait presque tout le monde en ville. Parmi les commerçants, il y avait un jeune Anglais du nom de M.B. Clark, qui avait peut-être dix ans de plus que moi, qui voulait créer une entreprise et était à la recherche d'un partenaire. Il avait 2 000 $ à contribuer à l'entreprise et cherchait un partenaire qui pourrait fournir un montant égal. Cela semblait être une bonne occasion pour moi. J'avais économisé 700 ou 800 dollars, mais où trouver le reste était un problème.

J'ai discuté de la question avec mon père, qui m'a dit qu'il avait toujours eu l'intention de donner 1 000 $ à chacun de ses enfants lorsqu'ils atteindraient 21 ans. Il m'a dit que si je souhaitais recevoir ma part immédiatement, au lieu d'attendre, il me l'avancerait et je pourrais payer des intérêts sur cette somme jusqu'à mes vingt et un ans.

"Mais, John," a-t-il ajouté, "le taux est de dix."

À cette époque, un taux d'intérêt de 10 pour cent par an était un taux très courant pour de tels prêts. Dans les banques, le taux n'était peut-être pas aussi élevé, mais bien sûr, les institutions financières ne pouvaient pas répondre à toutes les demandes, et il y avait donc beaucoup d'emprunts privés à des taux élevés. Comme j'avais besoin de cet argent pour le partenariat, j'ai accepté avec plaisir l'offre de mon père, et j'ai donc commencé à travailler en tant que partenaire junior de la nouvelle société, qui s'appelait Clark & Rockefeller.

C'était formidable d'être mon propre employeur. Je me sentais mentalement très fier - un associé dans une entreprise avec un capital de 4 000 $! M. Clark s'occupait de l'achat et de la vente, et je m'occupais des finances et des livres. Nous avons tout de suite commencé à faire de grosses affaires, en traitant des lots de wagons et des cargaisons de produits. Naturellement, nous avons rapidement eu besoin de plus d'argent pour faire face à l'augmentation du commerce. Il n'y avait rien d'autre à faire que d'essayer d'emprunter à une banque. Mais la banque nous prêterait-elle ?

LE PREMIER PRÊT

Je suis allé voir un président de banque que je connaissais, et qui me connaissait. Je me souviens parfaitement à quel point j'étais impatient d'obtenir ce prêt et de m'établir favorablement auprès du banquier. Ce monsieur s'appelait T.P. Handy, un vieil homme doux et gentil, bien connu comme étant un beau personnage de haut niveau. Pendant cinquante ans, il s'est intéressé aux jeunes hommes. Il m'a connu quand j'étais garçon dans les écoles de Cleveland. Je lui ai donné tous les détails de notre affaire, lui parlant franchement de nos affaires - ce à quoi nous voulions utiliser l'argent, etc., etc. J'ai attendu le verdict avec une impatience presque tremblante.

"Combien voulez-vous ? ", a-t-il dit.

"Deux mille dollars."

"Très bien, M. Rockefeller, vous pouvez l'avoir", a-t-il répondu. "Donnez-moi juste vos propres récépissés d'entrepôt, ils sont suffisants pour moi."

Lorsque j'ai quitté cette banque, mon exaltation peut difficilement être imaginée. J'ai levé la tête - pensez-y, une banque m'avait fait confiance pour 2 000 $! J'ai senti que j'étais maintenant un homme important dans la communauté.

Pendant de longues années, le directeur de cette banque a été un véritable ami ; il m'a prêté de l'argent quand j'en avais besoin, et j'en avais besoin presque tout le temps, et tout l'argent qu'il avait. Ce fut une source de satisfaction lorsque, plus tard, j'ai pu aller le voir et lui recommander de faire un certain investissement dans les actions de la Standard Oil. Il a convenu qu'il aimerait le faire, mais il a dit que la somme impliquée n'était pas disponible pour le moment, et donc, à ma suggestion, je suis devenu banquier pour lui, et à la fin il a retiré son capital avec un très beau profit. C'est un plaisir de témoigner, même à cette date tardive, de sa grande gentillesse et de sa confiance en moi.

S'EN TENIR AUX PRINCIPES COMMERCIAUX

M. Handy m'a fait confiance parce qu'il croyait que nous conduirions notre jeune entreprise selon des principes conservateurs et appropriés, et je me souviens bien de cette époque où il est parfois difficile de respecter ce que l'on sait être le bon principe commercial. Peu de temps après la création de notre entreprise, notre meilleur client - c'est-à-dire l'homme qui faisait les plus gros envois - a demandé que nous lui permettions de tirer à l'avance sur les envois en cours avant que le produit ou le connaissement ne soit réellement en main. Nous voulions, bien sûr, obliger cet homme important, mais moi, en tant que membre financier de l'entreprise, je m'y suis opposé, même si je craignais que nous ne perdions sa clientèle.

La situation semblait très grave ; mon partenaire s'impatientait contre moi parce que je refusais de céder, et dans ce dilemme, j'ai décidé d'aller personnellement voir si je ne pouvais pas amener notre client à céder. J'avais eu une chance inouïe de gagner l'amitié des hommes lorsque je me trouvais face à face avec eux, et le mécontentement de mon partenaire m'a mis à l'épreuve. Je pensais qu'en entrant en contact avec ce monsieur, je pourrais le convaincre que ce qu'il proposait créerait un mauvais précédent. Mon raisonnement (dans mon propre esprit) était logique et convaincant. Je suis allé le voir et lui ai présenté tous les arguments que j'avais si soigneusement élaborés. Mais il s'est emporté et, à la fin, j'ai eu l'humiliation supplémentaire d'avouer à mon partenaire que j'avais échoué. Je n'avais absolument rien pu faire.

Naturellement, il était très perturbé par la possibilité de perdre notre relation la plus précieuse, mais j'ai insisté et nous sommes restés sur nos principes et avons refusé d'accorder à l'expéditeur l'accommodement qu'il avait demandé. Quelles ne furent pas notre surprise et notre satisfaction de constater qu'il a continué ses relations avec nous comme si rien ne s'était passé, et n'a plus jamais fait référence à cette affaire. J'ai appris par la suite qu'un vieux banquier de campagne, du nom de John Gardener, de Norwalk, O., qui avait beaucoup à voir avec notre expéditeur, suivait attentivement cette petite affaire, et j'ai toujours cru depuis qu'il était à l'origine de la suggestion de nous tenter de faire ce que nous avions déclaré ne pas faire à titre de test, et son histoire sur notre position ferme pour ce que nous considérions comme des principes commerciaux sains nous a fait beaucoup de bien.

C'est à peu près à cette époque que j'ai commencé à sortir et à solliciter des affaires - une branche du travail que je n'avais jamais tentée auparavant. J'ai entrepris de rendre visite à toutes les personnes de notre région qui avaient un lien quelconque avec le type d'activité dans lequel nous étions engagés, et j'ai parcouru les États de l'Ohio et de l'Indiana. J'ai décidé que le meilleur moyen d'y parvenir était de présenter simplement notre entreprise, sans demander d'envois immédiats. Je leur ai dit que je représentais Clark & Rockefeller, négociants en commissions, et que je ne souhaitais pas interférer avec leurs relations actuelles, mais que si l'occasion se présentait, nous serions heureux de les servir, etc.

À notre grande surprise, les affaires nous sont tombées dessus si rapidement que nous ne savions pas comment nous en occuper, et la première année, nos ventes se sont élevées à un demi-million de dollars.

À l'époque, et pendant de nombreuses années, il semblait que l'argent nécessaire à la poursuite et au développement de l'entreprise était inépuisable. Lorsque nos succès ont commencé à se succéder, il était rare que je mette ma tête sur l'oreiller le soir sans me dire quelques mots dans ce sens :

"Maintenant un petit succès, bientôt vous tomberez, bientôt vous serez renversé. Parce que vous avez un début, vous pensez que vous êtes tout à fait un marchand ; prenez garde, ou vous perdrez la tête - allez-y doucement." Ces conversations intimes avec moi-même, j'en suis sûr, ont eu une grande influence sur ma vie. Je craignais de ne pas pouvoir supporter ma prospérité, et j'essayais de m'apprendre à ne pas me gonfler d'idées folles.

Mes emprunts à mon père étaient nombreux. Nos relations en matière de finances étaient une source d'anxiété pour moi, et n'étaient pas aussi drôles qu'elles le paraissent maintenant quand j'y repense. De temps en temps, il venait me voir et me disait que si j'avais besoin d'argent dans l'entreprise, il pourrait m'en prêter, et comme j'avais toujours besoin de capital, j'étais heureux de l'obtenir, même à 10 % d'intérêt. Juste au moment où j'avais le plus besoin d'argent, il avait tendance à dire :

"Mon fils, je pense que je dois avoir cet argent."

Je lui répondais : "Bien sûr, vous l'aurez tout de suite", mais je savais qu'il me mettait à l'épreuve et que, lorsque je le payais, il gardait l'argent sans le faire fructifier pendant un certain temps, puis me le rendait plus tard. J'avoue que cette petite discipline aurait dû me faire du bien, et qu'elle en a peut-être fait, mais bien que je le lui cachais, la vérité est que je n'étais pas particulièrement satisfait de son application des tests pour découvrir si ma capacité financière était à la hauteur de tels chocs.

INTÉRÊT À 10 POUR CENT

Ces expériences avec mon père me rappellent que, dans les premiers temps, il y avait souvent beaucoup de discussions sur ce qui devait être payé pour l'utilisation de l'argent. Beaucoup de gens protestaient que le taux de 10 pour cent était scandaleux et que seul un homme méchant pouvait exiger une telle somme. J'avais l'habitude de dire que l'argent valait ce qu'il rapportait - personne ne paierait 10 pour cent, 5 pour cent ou 8 pour cent à moins que l'emprunteur ne croie qu'à ce taux il était rentable de l'employer. Comme [48] j'étais toujours l'emprunteur à cette époque, je n'ai certainement pas plaidé pour payer plus que nécessaire.

Parmi les discussions les plus persistantes et les plus animées que j'ai eues, il y a celles que j'ai eues avec la chère vieille dame qui tenait la pension où mon frère William et moi vivions lorsque nous étions à l'école. J'aimais beaucoup ces discussions, car c'était une femme compétente et une bonne interlocutrice, et comme elle ne nous demandait qu'un dollar par semaine pour la pension et le logement, et qu'elle nous nourrissait bien, j'étais certainement son ami. C'était le prix habituel de la pension dans les petites villes de l'époque, où les produits étaient presque entièrement cultivés sur place.

Cette dame estimable était violemment opposée à ce que les prêteurs obtiennent des taux d'intérêt élevés, et nous avons eu de fréquentes et sérieuses discussions sur le sujet. Elle savait que j'avais l'habitude de faire des prêts pour mon père, et elle connaissait les taux obtenus. Mais tous les arguments du monde n'ont pas changé le taux, et il n'a baissé que lorsque l'offre d'argent est devenue plus abondante.

J'ai généralement constaté que les changements importants dans l'opinion publique en ce qui concerne les affaires se sont produits lentement, en suivant la ligne de la théorie économique éprouvée - très rarement les améliorations dans ces relations ont été obtenues par une législation conçue à la hâte.

On peut difficilement se rendre compte à quel point il était difficile d'obtenir des capitaux pour des entreprises commerciales actives à cette époque. Dans les pays plus à l'ouest, des taux beaucoup plus élevés étaient payés, ce qui s'appliquait généralement aux prêts personnels sur lesquels un risque commercial était couru, mais cela montre à quel point les conditions pour les jeunes hommes d'affaires étaient différentes alors de celles d'aujourd'hui.

UN EMPRUNTEUR AGILE

Parler d'emprunts auprès des banques me rappelle l'un des efforts financiers les plus ardus que j'aie jamais consentis. Nous devions réunir l'argent nécessaire pour accepter une offre pour une grande entreprise. Il fallait plusieurs centaines de milliers de dollars - et en espèces - les titres ne répondaient pas. J'ai reçu le message vers midi et j'ai dû prendre le train de trois heures. Je suis allé de banque en banque, demandant à chaque président ou caissier, celui que je trouvais en premier, de me préparer tous les fonds qu'il pouvait trouver. Je leur ai dit que je reviendrais chercher l'argent plus tard. J'ai rassemblé toutes nos banques dans la ville et j'ai fait un deuxième voyage pour obtenir l'argent, et j'ai continué jusqu'à ce que j'obtienne le montant nécessaire. Avec cet argent, j'ai pris le train de trois heures et j'ai conclu la transaction. 50] À cette époque, je voyageais beaucoup, visitant nos usines, établissant de nouvelles relations, rencontrant des gens, élaborant des plans pour étendre nos activités - et cela exigeait souvent un travail très rapide.

COLLECTE DE FONDS POUR L'ÉGLISE

Quand j'avais dix-sept ou dix-huit ans, j'ai été élu administrateur de l'église. C'était une branche de la mission, et j'ai parfois dû entendre des membres qui appartenaient au corps principal parler de la mission comme si elle n'était pas aussi bonne que la grande église mère. Cela renforçait notre résolution de leur montrer que nous pouvions pagayer notre propre canoë.

Notre première église n'était pas très grande, et elle était grevée d'une hypothèque de 2 000 $ qui a eu une influence décourageante pendant des années.

Le détenteur de l'hypothèque exigeait depuis longtemps qu'il soit payé, mais d'une manière ou d'une autre, même les intérêts étaient à peine tenus, et le créancier a finalement menacé de nous vendre. Il se trouve que l'argent avait été prêté par un diacre de l'église, mais malgré ce fait, il estimait qu'il devait avoir son argent, et peut-être en avait-il vraiment besoin. Quoi qu'il en soit, il a proposé de prendre les mesures nécessaires pour l'obtenir. L'affaire a atteint son point culminant [51] un dimanche matin, lorsque le ministre a annoncé en chaire que les 2 000 $ devaient être réunis, ou nous devions perdre notre bâtiment d'église. Je me suis donc retrouvé à la porte de l'église alors que la congrégation allait et venait.

À chaque fois qu'un membre passait, je le boutonnais et lui faisais promettre de donner quelque chose pour l'extinction de cette dette. J'ai plaidé et insisté, et presque menacé. Lorsque chacun promettait, j'inscrivais son nom et le montant dans mon petit livre, et je continuais à solliciter tous les abonnés possibles.

Cette campagne de collecte de fonds, qui a débuté ce matin-là après l'église, a duré plusieurs mois. C'était une grande entreprise que de réunir une telle somme d'argent par de petits montants allant de quelques centimes aux promesses plus magnifiques de dons à verser à raison de vingt-cinq ou cinquante centimes par semaine. Le plan m'a absorbé. J'ai contribué ce que je pouvais, et ma première ambition de gagner plus d'argent a été éveillée par cette entreprise et d'autres semblables dans lesquelles j'étais constamment engagé.

Mais enfin, les 2 000 $ étaient en main et ce fut un jour de fierté lorsque la dette fut éteinte. J'espère que les membres de l'église mère ont été dûment humiliés de voir à quel point nous avions dépassé leurs attentes, mais je ne me souviens pas qu'ils aient exprimé la surprise que nous nous sommes flattés qu'ils devaient ressentir.

Les expériences de mendicité que j'ai vécues à cette époque étaient pleines d'intérêt. Je me suis attelé à la tâche avec fierté plutôt que l'inverse, et je l'ai poursuivie jusqu'à ce que mes soucis et responsabilités croissants m'obligent à confier à d'autres le soin de régler les détails.

CHAPITRE III : LA STANDARD OIL COMPANY

Il serait surprenant que dans une organisation comprenant un grand nombre d'hommes, il n'y ait pas ici et là un employé occasionnel qui agisse, en rapport avec l'entreprise ou peut-être dans la conduite de ses propres affaires, d'une manière qui pourrait être critiquée. Même dans une organisation relativement petite, il est pratiquement impossible de retenir cet homme occasionnel qui fait preuve d'un excès de zèle pour son propre avancement ou celui de son entreprise. Il serait manifestement injuste de juger le caractère de tous les membres d'une grande organisation ou de l'organisation elle-même par les actions de quelques individus.

On a dit que j'ai forcé les hommes qui sont devenus mes partenaires dans le secteur pétrolier à s'associer à moi. Je n'aurais pas été aussi imprévoyant. S'il était vrai que j'ai suivi de telles tactiques, je demande : aurait-il été possible de faire de ces hommes des compagnons à vie ? Auraient-ils accepté et conservé pendant de nombreuses années des postes de la plus grande confiance, et enfin, quelqu'un aurait-il pu former de tels hommes, s'ils avaient été ainsi intimidés, un groupe qui a travaillé pendant toutes ces années dans une harmonie loyale, avec des relations équitables entre eux et avec les autres, en développant l'efficacité et en agissant dans une unité totale ? Cette puissante organisation a non seulement duré, mais son efficacité s'est accrue. Pendant quatorze ans, je n'ai pas travaillé, et en huit ou dix ans, je ne suis allé qu'une seule fois au bureau de la société.

Au cours de l'été 1907, j'ai visité à nouveau la salle située au sommet de l'immeuble de la Standard Oil Company, où les dirigeants de la société et les chefs de service se font servir leur déjeuner depuis de nombreuses années. J'ai été surpris de trouver autant d'hommes qui s'étaient présentés depuis ma dernière visite, il y a des années. Par la suite, j'ai eu l'occasion de parler avec d'anciens associés et de nombreux nouveaux, et j'ai été très heureux de constater que le même esprit de coopération et d'harmonie régnait toujours. Cette pratique de déjeuner ensemble, une centaine ou plus à de longues tables dans l'association la plus intime et amicale, est une autre indication de ce que je soutiens, aussi léger que cela puisse paraître à première vue. Ces personnes rechercheraient-elles la compagnie les unes des autres jour après jour si elles avaient été contraintes à cette relation ? Les personnes qui se trouvent dans une telle situation ne restent pas longtemps dans une intimité agréable et sympathique.

Pendant des années, la Standard Oil Company s'est développée pas à pas, et je suis convaincu qu'elle a bien fait son travail en fournissant aux gens les produits du pétrole à des prix qui ont baissé à mesure que l'efficacité de l'entreprise s'est développée. Elle a progressivement étendu ses services d'abord aux grands centres, puis aux villes, et maintenant aux plus petites localités, en se rendant au domicile de ses clients, en livrant le pétrole à la convenance des utilisateurs réels. Ce même système est appliqué dans diverses parties du monde. La société dispose, par exemple, de trois mille wagons-citernes qui fournissent du pétrole américain aux villes et même aux petits hameaux d'Europe. Ses propres dépôts et employés le livrent de manière assez similaire au Japon, en Chine, en Inde et dans les principaux pays du monde. Pensez-vous que ce commerce a été développé autrement que par le travail ?

Ce plan de vente directe de nos produits au consommateur et la croissance exceptionnellement rapide de l'entreprise ont suscité un certain antagonisme qui, je suppose, n'aurait pu être évité, mais cette même idée de traiter directement avec le consommateur a été suivie par d'autres et dans de nombreuses branches du commerce, sans créer, autant que je me souvienne, aucune opposition sérieuse.

C'est un point très intéressant et important, et je me suis souvent demandé si les critiques dont nous faisions l'objet ne venaient pas du fait que nous avons été parmi les premiers, sinon les premiers, à résoudre les problèmes de la vente directe à l'utilisateur sur une grande échelle. Nous l'avons fait dans un esprit d'équité et dans le respect des droits de chacun. Nous ne nous sommes pas attaqués impitoyablement au commerce de nos concurrents et n'avons pas tenté de le ruiner en baissant les prix ou en instituant un système d'espionnage. Nous nous étions fixé pour tâche d'accroître le plus rapidement et le plus largement possible le volume de la consommation. Je vais essayer d'expliquer ce qui s'est passé.

Pour tirer profit des facilités que nous avions dans la fabrication, nous avons cherché le plus grand marché dans tous les pays - nous avions besoin de volume. Pour ce faire, nous avons dû créer des méthodes de vente très en avance sur ce qui existait alors ; nous avons dû vendre deux, trois ou quatre gallons d'huile là où un seul avait été vendu auparavant, et nous ne pouvions pas compter sur les canaux commerciaux habituels qui existaient alors pour y parvenir. Nous n'avons jamais eu l'intention d'interférer avec un revendeur qui cultivait adéquatement son champ d'opérations, mais lorsque nous avons vu une nouvelle opportunité ou un nouvel endroit pour étendre la vente par des moyens supplémentaires et efficaces, nous nous sommes fait un devoir de les fournir. De cette façon, nous avons ouvert de nombreuses lignes nouvelles que d'autres ont partagées. Dans ce développement, nous avons dû employer beaucoup d'hommes relativement nouveaux. Le moyen idéal de fournir du matériel pour les postes supérieurs est, bien sûr, de recruter les hommes parmi les plus jeunes au service de l'entreprise, mais notre expansion était trop rapide pour permettre cela dans tous les cas. Il ne serait pas surprenant d'apprendre que certains de ces employés ont fait preuve d'un excès de zèle dans la recherche de ventes, mais ils ont agi en violation des souhaits exprimés et connus de l'entreprise. Mais même ces cas, j'en suis convaincu, se produisaient si rarement, par rapport au nombre de transactions que nous effectuions, qu'ils étaient vraiment les exceptions qui confirmaient la règle.

Chaque semaine de l'année, depuis de très nombreuses années, cette entreprise a fait entrer dans ce pays plus d'un million de dollars d'or, provenant tous de produits fabriqués par la main-d'œuvre américaine. Je suis fier de ce bilan, et je crois que la plupart des Américains le seront lorsqu'ils comprendront mieux certaines choses. Ces réalisations, le développement de ce grand commerce extérieur, la possession de navires pour transporter le pétrole en vrac par les méthodes les plus économiques, l'envoi d'hommes pour se battre pour les marchés du monde, ont coûté d'énormes sommes d'argent, et les vastes capitaux employés ne pouvaient être réunis ni contrôlés que par une organisation telle que la Standard est aujourd'hui.

Pour donner une image fidèle des conditions initiales, il faut savoir que l'industrie pétrolière était considérée comme une entreprise des plus dangereuses, un peu comme les entreprises minières spéculatives dont nous entendons tant parler aujourd'hui. Je me souviens très bien de mon vieil et distingué ami, le révérend Thomas W. Armitage, qui a été pendant quarante ans le pasteur d'une grande église de New York, qui m'a averti qu'il était pire que de la folie d'étendre nos usines et nos opérations. Il était certain que nous courions des risques injustifiés que notre approvisionnement en pétrole serait probablement défaillant, que la demande diminuerait, et lui, avec beaucoup d'autres, parfois presque tout le monde, je crois, prophétisait la ruine.

Aucun d'entre nous n'a jamais rêvé de l'ampleur de ce qui s'est avéré être l'expansion ultérieure. Nous avons fait notre travail comme nous l'avons rencontré, en regardant vers l'avant ce que nous pouvions voir au loin et en restant à la hauteur de nos possibilités, mais en posant fermement nos fondations. Comme je l'ai dit, il était très difficile d'obtenir des capitaux, et il n'était pas facile d'intéresser des hommes conservateurs à cette entreprise aventureuse. Les hommes de propriété en avaient peur, bien que dans de rares cas, des capitalistes aient été amenés à s'unir à nous dans une certaine mesure. S'ils achetaient nos actions, ils en prenaient un peu de temps en temps à titre expérimental, et nous étions douloureusement conscients qu'ils refusaient souvent d'acheter de nouvelles actions avec de belles expressions d'appréciation.

L'entreprise étant tellement nouvelle et inédite, en raison de la crainte de certains détenteurs quant à son succès, nous avons souvent dû prendre des actions pour l'empêcher de s'épuiser, mais nous avions une telle confiance dans la valeur fondamentale de l'entreprise que nous étions prêts à assumer ce risque. Il y a toujours quelques hommes dans une entreprise de ce genre qui risquent tout sur leur jugement du résultat final, et si l'entreprise avait échoué, ils auraient été classés comme des aventuriers visionnaires, et peut-être à juste titre.

Les 60 000 hommes qui travaillent constamment au service de la compagnie sont occupés année après année. L'année dernière a été une période de grande contraction, mais la Standard a poursuivi ses plans sans être freinée, et les nouveaux travaux et bâtiments n'ont pas été retardés par manque de capitaux ou par crainte des mauvais jours. Elle paie bien ses ouvriers, elle les soigne quand ils sont malades et leur verse une pension quand ils sont âgés. Elle n'a jamais connu de grèves importantes, et s'il y a une meilleure fonction de gestion d'entreprise que de donner du travail rentable aux employés année après année, dans les bons et les mauvais moments, je ne sais pas ce que c'est.

Une autre chose à retenir au sujet de cette soi-disant "pieuvre" est qu'il n'y a pas eu d'"eau" introduite dans son capital (peut-être avons-nous estimé que le pétrole et l'eau ne se seraient pas mélangés) ; et pendant toutes ces années, personne n'a eu à attendre l'argent que la Standard devait. Elle a subi de grands incendies et de grandes pertes, mais elle a géré ses affaires de telle manière qu'elle n'a pas jugé nécessaire de faire appel au grand public pour placer des blocs d'obligations ou d'actions ; elle n'a pas eu recours à des syndicats de souscription ou à des systèmes de vente d'actions sous quelque forme que ce soit, et elle a toujours réussi à financer de nouvelles opérations sur les champs pétrolifères lorsqu'elle y a été invitée.

Il est courant d'entendre des gens dire que cette entreprise a écrasé ses concurrents. Seules des personnes mal informées peuvent faire une telle affirmation. Elle a eu, a toujours eu et aura toujours des centaines de concurrents actifs ; elle n'a survécu que parce qu'elle a géré ses affaires de façon saine et économique et avec beaucoup de vigueur. Parlons un instant de la concurrence : considérez non seulement les personnes compétentes qui se font concurrence [63] dans le raffinage du pétrole, mais toute la concurrence dans les divers métiers qui fabriquent et vendent des produits dérivés - une grande variété d'entreprises différentes. Et la concurrence dans les pays étrangers est peut-être encore plus importante. La Standard se bat toujours pour vendre le produit américain contre le pétrole produit dans les grands champs de Russie, qui se bat pour le commerce de l'Europe, et le pétrole de Birmanie, qui affecte largement le marché de l'Inde. Dans tous ces pays, nous nous heurtons à des tarifs douaniers élevés contre nous, à des préjugés locaux, à des coutumes étranges. Dans de nombreux pays, nous avons dû apprendre aux gens - les Chinois, par exemple - à brûler l'huile en leur fabriquant des lampes ; nous avons emballé l'huile pour qu'elle soit transportée par des chameaux ou sur le dos de coureurs dans les régions les plus reculées du monde ; nous avons adapté le commerce aux besoins de gens étranges. Chaque fois que nous réussissions dans un pays étranger, cela signifiait des dollars apportés à notre pays, et chaque fois que nous échouions, c'était une perte pour notre nation et ses ouvriers.

L'une de nos plus grandes aides a été le Département d'État à Washington. Nos ambassadeurs, nos ministres et nos consuls nous ont aidés à nous frayer un chemin vers de nouveaux marchés dans les coins les plus reculés du monde.

Je pense que je peux parler avec autant de franchise et d'enthousiasme parce que la mise en œuvre de bon nombre de ces grands projets s'est largement développée depuis que je me suis retiré des affaires il y a quatorze ans.

La Standard n'a pas, et n'a jamais eu, de voie royale vers la suprématie, et son succès n'est pas dû à un seul homme, mais à la multitude d'hommes capables qui travaillent ensemble. Si les dirigeants actuels de l'entreprise relâchaient leurs efforts, laissaient la qualité de leur produit se dégrader ou traitaient mal leurs clients, combien de temps leur entreprise durerait-elle ? À peu près aussi longtemps que n'importe quelle autre entreprise négligée. En lisant certains comptes rendus des affaires de la société, on pourrait croire qu'elle avait une telle emprise sur le commerce du pétrole que les directeurs ne faisaient pas grand-chose d'autre que de se réunir et de déclarer des dividendes. C'est un plaisir pour moi de saisir cette occasion pour rendre hommage au travail que ces hommes accomplissent, non seulement pour la compagnie qu'ils servent, mais pour le commerce extérieur de notre pays ; car plus de la moitié de tous les produits que la compagnie fabrique sont vendus en dehors des États-Unis. Si, à la place de ces administrateurs, l'entreprise était reprise et dirigée par quelqu'un d'autre que des experts, je vendrais ma participation à n'importe quel prix. Pour réussir dans une entreprise, il faut les hommes les meilleurs et les plus sérieux pour la diriger, et les meilleurs hommes [65] montent au sommet. Je parlerai plus tard de son origine et de ses premiers plans.

L'ENTREPRISE MODERNE

Il ne fait aucun doute qu'il existe une suspicion à l'égard des sociétés. Il peut y avoir des raisons pour une telle méfiance très souvent ; car une société peut être morale ou immorale, tout comme un homme peut être moral ou l'inverse ; mais c'est une folie de condamner toutes les sociétés parce que certaines sont mauvaises, ou même d'être indûment méfiant de toutes, parce que certaines sont mauvaises. Mais l'entreprise, dans sa forme et son caractère, est arrivée à maturité - c'est une chose sur laquelle on peut compter. Même les petites entreprises deviennent des sociétés, parce que c'est une forme pratique de partenariat.

Il est également vrai que les combinaisons de capitaux sont appelées à se poursuivre et à s'accroître, et cela ne doit pas inquiéter les plus timides si la société, ou la série de sociétés sont correctement gérées en tenant compte des droits des autres. Le jour de la concurrence individuelle dans les grandes affaires est passé et révolu - vous pourriez tout aussi bien soutenir que nous devrions revenir au travail manuel et jeter nos machines efficaces - et le bon sens sobre des gens acceptera ce fait quand ils l'auront étudié et essayé. Il suffit de voir comment [66] la liste des actionnaires des grandes sociétés augmente à pas de géant. Cela signifie que tous ces gens deviennent des partenaires dans les grandes entreprises. C'est une bonne chose - cela donnera un sentiment de responsabilité accrue aux directeurs des sociétés et incitera les personnes qui ont leurs intérêts en jeu à étudier les faits de façon impartiale avant de les condamner ou de les attaquer.

Sur ce sujet des combinaisons industrielles, j'ai souvent exprimé mes opinions ; et, comme je n'ai pas changé d'avis, je ne répugne pas à les répéter maintenant, d'autant plus que la question semble de nouveau être à l'ordre du jour.

Les principaux avantages des combinaisons industrielles sont ceux qui peuvent être tirés d'une coopération de personnes et d'une agrégation de capitaux. Beaucoup de ce qu'un homme ne peut faire seul, deux peuvent le faire ensemble, et une fois admis le fait que la coopération, ou, ce qui est la même chose, la combinaison, est nécessaire sur une petite échelle, la limite dépend uniquement des nécessités des affaires. Deux personnes associées peuvent constituer une combinaison suffisante pour une petite entreprise, mais si l'entreprise se développe ou peut être amenée à se développer, d'autres personnes et d'autres capitaux doivent être engagés. L'entreprise peut devenir si importante qu'une société en nom collectif cesse d'être un instrument approprié à ses fins, et une société par actions devient alors une nécessité. Dans la plupart des pays, comme en Angleterre, cette forme de combinaison industrielle est suffisante pour que l'entreprise s'étende au même endroit que le pays d'origine, mais ce n'est pas le cas en Amérique. Notre forme de gouvernement fédéral rend toute société créée par un État étrangère à tous les autres États, ce qui oblige les personnes qui font des affaires par l'intermédiaire d'une société à organiser des sociétés dans certains ou plusieurs des différents États dans lesquels leurs affaires sont situées. Au lieu de faire des affaires par l'intermédiaire de l'agence d'une société, elles doivent faire des affaires par l'intermédiaire des agences de plusieurs sociétés. Si les affaires sont étendues aux pays étrangers, et si les Américains ne se contentent pas aujourd'hui de leurs marchés intérieurs, il sera utile et peut-être nécessaire d'organiser des sociétés dans ces pays, car les Européens ont des préjugés contre les sociétés étrangères, tout comme les habitants de beaucoup de nos États. Ces différentes sociétés deviennent ainsi des agences coopérantes dans la même entreprise et sont tenues ensemble par la propriété commune de leurs actions.

Il est trop tard pour débattre des avantages des combinaisons industrielles. Elles sont une nécessité. Et si les Américains doivent avoir le privilège d'étendre leurs affaires dans tous les États de l'Union, ainsi que dans les pays étrangers, ils sont une nécessité sur une grande échelle, et exigent l'agence de plus d'une société.

Les dangers sont que le pouvoir conféré par la combinaison peut être abusé, que les combinaisons peuvent être formées pour la spéculation sur les actions plutôt que pour la conduite des affaires, et que dans ce but les prix peuvent être temporairement élevés au lieu d'être abaissés. Ces abus sont possibles dans une plus ou moins grande mesure dans toutes les combinaisons, grandes ou petites, mais ce fait n'est pas plus un argument contre les combinaisons que le fait que la vapeur puisse exploser n'est un argument contre la vapeur. La vapeur est nécessaire et peut être rendue relativement sûre. La combinaison est nécessaire et ses abus peuvent être réduits au minimum ; sinon, nos législateurs doivent reconnaître leur incapacité à traiter l'instrument le plus important de l'industrie.

Lors de l'audition de la Commission industrielle en 1899, j'ai alors dit que si je devais suggérer une législation concernant les combinaisons industrielles, ce serait : premièrement, une législation fédérale sous laquelle les sociétés peuvent être créées et réglementées, si cela est possible. Deuxièmement, au lieu de cela, une législation d'État aussi uniforme que possible, encourageant les combinaisons de personnes [69] et de capitaux dans le but d'exploiter des industries, mais permettant une surveillance de l'État, non pas de nature à entraver les industries, mais suffisante pour empêcher les fraudes envers le public. Je me sens toujours comme en 1899.

LES NOUVELLES OPPORTUNITÉS

Je suis loin de croire que cela aura un effet négatif sur l'individu. La grande ère économique dans laquelle nous entrons offrira de splendides possibilités aux jeunes gens de l'avenir. On entend souvent les hommes de cette nouvelle génération dire qu'ils n'ont pas les mêmes chances que leurs pères et leurs grands-pères. Ils ignorent tout des désavantages dont nous avons souffert ! Dans ma jeunesse, nous avions tout à faire et rien à faire ; nous devions nous frayer un chemin sur de nouvelles bases ; nous avions peu d'expérience. Les capitaux étaient très difficiles à obtenir, les crédits étaient des choses mystérieuses. Alors qu'aujourd'hui nous avons un système de notation commerciale, tout était alors désordonné et nous avons souffert d'une guerre gigantesque et de tous les désastres qui ont suivi.

Comparez ce jour avec celui d'avant. Nos conforts et nos possibilités sont multipliés par mille. Les ressources de notre grand pays s'ouvrent maintenant et sont à peine touchées ; nos marchés intérieurs sont vastes, et nous commençons à peine à penser aux peuples étrangers que nous pouvons servir - des peuples qui sont des années derrière nous en matière de civilisation. En Orient, un quart de la race humaine vient de s'éveiller. Les hommes de cette génération entrent dans un héritage qui fait paraître la vie de leurs pères bien pauvre en comparaison. Je suis naturellement optimiste, et lorsqu'il s'agit de dire ce que notre peuple va accomplir dans l'avenir, je suis incapable de m'exprimer avec suffisamment d'enthousiasme.

Il y a beaucoup de choses que nous devons faire pour tirer le plus grand profit de toutes ces grandes bénédictions, et la moindre d'entre elles n'est pas d'établir notre réputation dans le monde entier.

Les grands intérêts commerciaux se comporteront, je l'espère, de telle sorte que les capitaux étrangers considéreront qu'il est souhaitable de détenir des actions de sociétés américaines. C'est aux Américains de veiller à ce que les investisseurs étrangers soient bien et honnêtement traités, afin qu'ils ne regrettent jamais d'avoir acheté nos titres.

Je peux parler ainsi franchement, parce que je suis un investisseur dans de nombreuses entreprises américaines, mais un contrôleur d'aucunes (à une exception près, et c'est une société qui n'a pas beaucoup payé de dividendes), et je suis, comme tous les autres, dépendant de l'administration honnête et compétente des industries. Je crois fermement et sincèrement qu'elles seront ainsi gérées.

L'HOMME D'AFFAIRES AMÉRICAIN

Vous entendez bon nombre de personnes au tempérament pessimiste parler de la cupidité dans la vie américaine. On pourrait croire, à les entendre, que nous sommes une race de malheureux dans ce pays. Ce serait folie de trop insister sur les rapports de cupidité dans les journaux, car leur fonction est de rapporter l'inhabituel et même l'anormal. Lorsqu'un homme vaque convenablement à ses occupations quotidiennes, les imprimés publics ne disent rien ; ce n'est que lorsqu'il lui arrive quelque chose d'extraordinaire qu'on parle de lui. Mais parce qu'il est ainsi mis en avant de temps en temps, vous ne direz certainement pas que ces occasions représentent sa vie normale. Ce n'est pas seulement pour l'argent que ces hommes à l'esprit actif travaillent - ils exercent une activité fascinante. L'ardeur au travail est maintenue par quelque chose de mieux que la simple accumulation d'argent et, comme je pense l'avoir dit ailleurs, les normes du commerce sont élevées et s'améliorent sans cesse.

J'avoue que je n'ai aucune sympathie pour l'idée si souvent avancée que la base de tous les jugements dans ce pays est fondée sur l'argent. Si cela était vrai, nous serions une nation de thésauriseurs et non de dépensiers. Je n'admets pas non plus que nous soyons un peuple à l'esprit si étroit qu'il soit jaloux du succès des autres. C'est plutôt le contraire : nous sommes les plus extraordinairement ambitieux, et le succès d'un homme dans n'importe quelle branche de la vie stimule les autres. Elle ne les aigrit pas, et c'est même une diffamation que de suggérer une si grande mesquinerie d'esprit.

En lisant les journaux, où tant de choses sont considérées comme allant de soi lorsqu'il s'agit d'argent, je pense que nous avons besoin d'un peu du sens de l'humour que possédait un de mes voisins irlandais, qui avait construit une maison que nous considérions comme extrêmement laide et qui ressortait dans des couleurs vives lorsque nous regardions par nos fenêtres. Mes goûts en matière d'architecture étaient si différents de ceux de mon ami irlandais que nous avons planté la vue de sa maison en déplaçant quelques grands arbres à l'extrémité de notre propriété. Un autre voisin qui assistait à ces travaux a demandé à M. Foley pourquoi M. Rockefeller avait déplacé tous ces grands arbres et coupé la vue entre les maisons. M. Foley, avec l'esprit vif de son pays, a répondu instantanément : "C'est l'envie, ils ne supportent pas de voir l'éclat de ma prospérité."

À mes débuts, les hommes agissaient comme ils agissent maintenant, sans aucun doute. Quand il y avait quelque chose à faire pour l'amélioration générale du commerce, presque chaque homme avait une bonne raison de croire que son cas était spécial et différent de tous les autres. Pour chaque chose insensée qu'il faisait ou voulait faire, pour chaque plan non commercial qu'il avait, il plaidait toujours que c'était nécessaire dans son cas. Il était le seul homme à devoir vendre à perte, à perturber tous les plans d'affaires des autres dans son secteur, parce que sa position individuelle était si différente de celle des autres. C'était souvent une entreprise déchirante de convaincre ces hommes que l'occasion parfaite qui mènerait à l'opportunité parfaite ne se présenterait jamais, même s'ils attendaient jusqu'à la fin des temps.

Et puis, il y avait aussi le type d'homme qui ne connaissait jamais vraiment tous les faits concernant ses propres affaires. Beaucoup des plus brillants tenaient leur comptabilité de telle manière qu'ils ne savaient pas vraiment quand ils gagnaient de l'argent sur une certaine opération et quand ils en perdaient. Il était difficile de faire face à cette concurrence inintelligente. Le bon sens à l'ancienne a toujours été une denrée très rare. Quand les affaires d'un homme ne vont pas bien, il déteste étudier les livres et affronter la vérité. Dès le début, les hommes qui ont dirigé la Standard Oil Company ont tenu leurs livres de façon intelligente et correcte. On savait combien on gagnait et où on gagnait ou perdait. Du moins, nous avons essayé de ne pas nous tromper nous-mêmes.

Mes idées sur les affaires sont sans doute démodées, mais les principes fondamentaux ne changent pas de génération en génération, et je pense parfois que nos hommes d'affaires américains à l'esprit vif, dont l'esprit et l'énergie sont si splendides, n'étudient pas toujours suffisamment les véritables fondements sous-jacents de la gestion des affaires. J'ai parlé de la nécessité d'être franc et honnête avec soi-même sur ses propres affaires : beaucoup de gens pensent qu'ils peuvent échapper à la vérité en évitant d'y penser, mais la loi naturelle est inévitable, et plus vite on la reconnaît, mieux c'est.

On entend beaucoup parler des salaires et de la raison pour laquelle ils doivent être maintenus à un niveau élevé, par les chemins de fer, par exemple. Un ouvrier est digne de son salaire, pas moins, mais pas plus, et à la longue il doit apporter un équivalent à ce qu'il est payé. S'il ne le fait pas, il est probablement paupérisé, et vous détruisez d'un coup l'équilibre des choses. Vous ne pouvez pas maintenir les conditions artificiellement, et vous ne pouvez pas changer les lois fondamentales du commerce. Si vous essayez, vous devez inévitablement échouer. Tout cela est peut-être banal et évident, mais il est remarquable de voir combien d'hommes négligent ce qui devrait être évident. Ce sont des faits auxquels nous ne pouvons échapper - un homme d'affaires doit s'adapter aux conditions naturelles telles qu'elles existent d'un mois à l'autre et d'une année à l'autre. J'ai parfois l'impression que nous, Américains, pensons pouvoir trouver un chemin court vers le succès, et il peut sembler que cet exploit soit souvent accompli ; mais la véritable efficacité dans le travail vient de la connaissance des faits et de la construction sur cette base sûre.

Beaucoup d'hommes riches ne se retirent pas des affaires même quand ils le peuvent. Ils ne veulent pas rester inactifs, ou bien ils sont fiers de leur travail et veulent perfectionner les plans dans lesquels ils ont foi, ou encore, ce qui est encore plus important, ils peuvent ressentir l'appel de l'expansion et de la construction au profit de leurs employés et de leurs associés, et ces hommes sont les grands bâtisseurs de notre pays. Considérez un instant combien de choses n'auraient pas été faites si nos prospères hommes d'affaires américains s'étaient assis les mains croisées après avoir acquis une compétence. J'ai du respect pour toutes ces raisons, mais si un homme a réussi, il s'est imposé des responsabilités correspondantes, et nos institutions destinées à aider les hommes à s'aider eux-mêmes ont besoin du cerveau de l'homme d'affaires américain ainsi que d'une partie de son argent.

Certains de ces hommes, cependant, sont tellement absorbés par leurs affaires qu'ils n'ont guère le temps de penser à autre chose. S'ils s'intéressent à une œuvre en dehors de leur bureau et entreprennent de collecter des fonds, ils commencent par s'excuser, comme s'ils avaient honte d'eux-mêmes.

"Je ne suis pas un mendiant", ai-je entendu beaucoup d'entre eux dire, ce à quoi je ne pouvais que répondre : "Je suis désolé que vous le preniez comme ça."

J'ai été cette sorte de mendiant toute ma vie et les expériences que j'ai faites étaient si intéressantes et si importantes pour moi que je me risquerai à en parler dans un chapitre ultérieur.

CHAPITRE IV : QUELQUES EXPÉRIENCES DANS LE SECTEUR PÉTROLIER

Pendant les années où je venais d'arriver à l'âge d'homme, le commerce de fruits et légumes de Clark & Rockefeller était prospère et, au début des années soixante, nous avons créé une entreprise de raffinage et de commerce du pétrole. Elle était composée de MM. James et Richard Clark, de M. Samuel Andrews et de la société Clark & Rockefeller, qui constituait l'entreprise. C'était mon premier contact direct avec le commerce du pétrole. Au fur et à mesure que la nouvelle entreprise se développait, la société Clark & Rockefeller était appelée à fournir un capital spécial important. M. Samuel Andrews était le fabricant de l'entreprise, et il avait appris le processus de nettoyage du pétrole brut par l'utilisation d'acide sulfurique.

En 1865, le partenariat a été dissous ; il a été décidé que les actifs liquides devaient être collectés et les dettes payées, mais il restait à disposer de l'usine et du fonds de commerce. Il a été suggéré qu'ils aillent au plus offrant parmi nous. Cela m'a semblé un règlement équitable, et la question s'est posée de savoir quand la vente devait avoir lieu et qui la dirigerait. Mes partenaires avaient un avocat dans la salle pour les représenter, bien que je n'avais pas envisagé d'avoir un représentant légal ; je pensais pouvoir m'occuper d'une transaction aussi simple. L'avocat a fait office de commissaire-priseur, et il a été suggéré de procéder à la vente sur-le-champ. Tout le monde était d'accord, et la vente a commencé.

J'avais décidé que je voulais me lancer dans le commerce du pétrole, non pas en tant qu'associé spécial, mais activement sur une plus grande échelle, et avec M. Andrews, je souhaitais acheter cette entreprise. Je pensais voir de grandes possibilités dans le raffinage du pétrole, et je ne me rendais pas compte à l'époque que toute l'industrie pétrolière serait bientôt submergée par tant d'hommes qui s'y précipiteraient. Mais j'étais plein d'espoir et j'avais déjà pris des dispositions pour obtenir un financement d'un montant qui, je le supposais, permettrait de payer facilement l'usine et la bonne volonté. J'étais prêt à renoncer à l'autre entreprise, Clark & Rockefeller, et j'ai facilement réglé cela plus tard - mon ancien partenaire, M. Clark, reprenant l'affaire.

Les enchères ont commencé, je crois, à 500 dollars de prime. J'en ai offert mille, ils en ont offert deux mille, et ainsi de suite, petit à petit, le prix a augmenté. Aucune des parties n'était disposée à arrêter les enchères, et le montant a augmenté progressivement jusqu'à atteindre 50 000 $, ce qui était beaucoup plus que ce que nous pensions que l'entreprise valait. Enfin, il a atteint 60 000 $, puis, par étapes lentes, 70 000 $, et j'ai presque craint pour ma capacité à acheter l'entreprise et à avoir l'argent pour la payer. Finalement, l'autre partie a proposé

72 000 dollars. Sans hésiter, j'ai dit 72 500 $. M. Clark a alors dit :

"Je n'irai pas plus loin, John ; l'affaire est à vous."

"Je vous fais un chèque maintenant ? "ai-je suggéré.

"Non," a dit M. Clark, "je suis heureux de vous faire confiance pour cela ; réglez à votre convenance."

La société Rockefeller & Andrews a alors été créée, et c'est ainsi que j'ai réellement débuté dans le commerce du pétrole. C'était mon activité la plus importante pendant environ quarante ans, jusqu'à ce que je prenne ma retraite à l'âge de cinquante-six ans.

L'histoire des débuts du commerce du pétrole est trop bien connue pour qu'il soit nécessaire de la répéter en détail. L'épuration du pétrole brut était un processus simple et facile, et au début les profits étaient très importants. Naturellement, toutes sortes de gens s'y sont mis : le boucher, le boulanger et le fabricant de chandeliers ont commencé à raffiner le pétrole, et il n'a pas fallu longtemps pour que le produit fini soit mis sur le marché plus qu'il ne pouvait être consommé. Le prix n'a cessé de baisser jusqu'à ce que le commerce soit menacé de ruine. Il semblait absolument nécessaire d'étendre le marché du pétrole en l'exportant vers les pays étrangers, ce qui nécessitait un développement long et très difficile ; et aussi d'améliorer considérablement les procédés de raffinage afin que le pétrole puisse être fabriqué et vendu à bon marché, mais avec un profit, et d'utiliser comme sous-produits toutes les matières qui, dans les usines moins efficaces, étaient perdues ou jetées.

Tels étaient les problèmes auxquels nous avons été confrontés presque dès le début, et cette grande dépression a conduit à des consultations avec nos voisins et amis du secteur dans le but de mettre de l'ordre dans ce qui devenait rapidement un état de chaos. Accomplir toutes ces tâches d'élargissement du marché et d'amélioration des méthodes de fabrication dans une large mesure était au-delà du pouvoir ou de la capacité d'une entreprise telle qu'elle était alors constituée. Nous avons pensé que cela ne pouvait se faire qu'en augmentant notre capital et en faisant appel aux meilleurs talents et à la meilleure expérience.

C'est dans cette optique que nous avons procédé à l'achat des plus grandes et des meilleures entreprises de raffinage et que nous en avons centralisé l'administration en vue d'assurer une plus grande économie et efficacité. L'entreprise s'est développée plus rapidement que nous l'avions prévu.

Cette entreprise, dirigée par des hommes appliqués et compétents travaillant ensemble avec acharnement, s'est rapidement dotée de moyens inhabituels en matière de fabrication, de transport, de finances et d'extension des marchés. Nous avons eu nos problèmes et nos revers ; nous avons souffert de quelques incendies graves ; et l'approvisionnement en pétrole brut était des plus incertains. Nos plans ont été constamment modifiés par les changements de conditions. Nous avons développé de grandes installations dans un centre pétrolier, érigé des réservoirs de stockage et raccordé des pipelines, puis le pétrole a fait défaut et notre travail a été jeté. Au mieux, il s'agissait d'un commerce spéculatif, et je m'étonne que nous ayons réussi à nous en sortir si souvent ; mais nous apprenions peu à peu à mener une activité des plus difficiles.

MARCHÉS ÉTRANGERS

Il y a plusieurs années, lorsqu'on m'a demandé comment notre entreprise avait atteint des proportions aussi importantes, j'ai expliqué que notre première organisation était un partenariat, puis une société dans l'Ohio. C'était suffisant pour une entreprise de raffinage locale. Mais, si nous avions dépendu uniquement du commerce local, nous aurions échoué depuis longtemps. Nous avons été obligés d'étendre nos marchés à toutes les parties du monde. Les villes côtières sont donc devenues un lieu d'affaires nécessaire, et nous avons rapidement découvert que la fabrication pour l'exportation pouvait y être effectuée de façon plus économique ; des raffineries ont donc été établies à Brooklyn, à Bayonne, à Philadelphie, à Baltimore, et les sociétés nécessaires ont été organisées dans les différents États.

Nous avons rapidement découvert, au fur et à mesure que l'entreprise se développait, que la méthode primaire de transport du pétrole dans des barils ne pouvait pas durer. L'emballage coûtait souvent plus cher que le contenu, et les forêts du pays n'étaient pas suffisantes pour fournir à bon marché le matériel nécessaire pendant une longue période. Nous avons donc porté notre attention sur d'autres méthodes de transport, adopté le système de canalisation et trouvé des capitaux pour la construction de canalisations à la hauteur des besoins de l'entreprise.

L'exploitation des pipe-lines nécessitait des franchises des États dans lesquels ils étaient situés, et par conséquent des sociétés dans ces États, tout comme les chemins de fer traversants différents États sont obligés de fonctionner sous des chartes d'État distinctes. Le perfectionnement du système de transport par pipeline a nécessité des millions de dollars de capitaux. L'ensemble de l'activité pétrolière dépend du pipe-line. Sans lui, chaque puits aurait moins de valeur et chaque marché national et international serait plus difficile à desservir ou à conserver, en raison du coût supplémentaire pour le consommateur. L'expansion de toute l'industrie aurait été retardée sans cette méthode de transport.

Le système de canalisation a ensuite nécessité d'autres améliorations, comme les wagons-citernes sur les chemins de fer, et enfin le vapeur-citerne. Il a fallu fournir des capitaux pour ces améliorations et créer des sociétés pour les posséder et les exploiter.

Chacune des mesures prises était nécessaire si l'on voulait que l'entreprise se développe correctement, et ce n'est que grâce à ces mesures successives et à une grande accumulation de capitaux que l'Amérique est aujourd'hui en mesure d'utiliser la générosité que sa terre déverse et de fournir de la lumière au monde.

LA CRÉATION DE LA STANDARD OIL COMPANY

En 1867, les sociétés William Rockefeller & Co, Rockefeller & Andrews, Rockefeller & Co, ainsi que S.V. Harkness et H.M. Flagler se sont unies pour former la société Rockefeller, Andrews & Flagler.

La cause qui a mené à la formation de cette entreprise était le désir d'unir nos compétences et nos capitaux afin d'exercer une activité de plus grande envergure, avec économie et efficacité, à la place des petites activités que chacun avait jusqu'alors menées séparément. Au fur et à mesure que le temps passait et que les possibilités devenaient évidentes, nous avons constaté que des capitaux supplémentaires étaient nécessaires ; nous avons alors intéressé d'autres personnes et organisé la

Standard Oil Company, avec un capital de 1 000 000 $. Plus tard, nous avons constaté qu'il était possible d'utiliser plus d'argent, nous avons trouvé des personnes prêtes à investir avec nous et nous avons augmenté notre capital à 2 500 000 $ en 1872, puis à 3 500 000 $ en 1874. Au fur et à mesure de la croissance de l'entreprise et de l'obtention de marchés au pays et à l'étranger, de nouvelles personnes et de nouveaux capitaux ont été ajoutés à l'entreprise, et de nouvelles sociétés ont été obtenues ou organisées, l'objectif étant toujours le même : étendre nos opérations en fournissant les produits les meilleurs et les moins chers.

J'attribue le succès de la Standard Oil Company à sa politique constante qui consiste à accroître le volume de ses affaires grâce à la qualité et au bon marché de ses produits. Elle n'a épargné aucune dépense pour utiliser la méthode de fabrication la meilleure et la plus efficace. Elle a recherché les meilleurs surintendants et ouvriers et a payé les meilleurs salaires. Elle n'a pas hésité à sacrifier de vieilles machines et de vieilles usines pour en acquérir de nouvelles et meilleures. Elle a placé ses manufactures aux endroits où elles pouvaient approvisionner les marchés au moindre coût. Elle a cherché des marchés non seulement pour ses produits principaux, mais aussi pour tous les sous-produits possibles, n'épargnant aucune dépense pour les présenter au public dans tous les coins et recoins du monde. Elle n'a pas hésité à investir des millions de dollars dans des méthodes permettant de réduire le coût de la collecte et de la distribution du pétrole par des pipelines, des wagons spéciaux, des navires-citernes et des wagons-citernes. Elle a érigé des stations-citernes aux centres ferroviaires dans toutes les régions du pays pour réduire le coût du stockage et de la livraison du pétrole. Elle a eu foi dans le pétrole américain et a réuni de vastes sommes d'argent pour en faire ce qu'il est, et pour maintenir son marché contre la concurrence de la Russie et de tous les pays producteurs de pétrole et concurrents des produits américains.

LES RÉGIMES D'ASSURANCE

Voici un exemple de l'une des façons dont nous avons réalisé certaines économies et obtenu un réel avantage. Les incendies sont toujours à prévoir dans le raffinage et le stockage du pétrole, comme nous l'avons appris par expérience, mais en répartissant nos usines dans tout le pays, l'unité de risque et de perte possible a été minimisée. Aucun incendie ne pouvait nous ruiner, et nous avons pu ainsi établir un système d'assurance. Notre fonds de réserve qui permettait cette assurance ne pouvait pas être épuisé d'un seul coup, comme cela aurait pu être le cas pour une entreprise dont les usines étaient regroupées ou proches les unes des autres. Ensuite, nous avons étudié et perfectionné notre organisation pour prévenir les incendies, améliorant nos appareils et nos plans année après année jusqu'à ce que le bénéfice sur cette assurance devienne un élément très considérable dans les revenus de la Standard.

Il est facile de voir que cette économie d'assurance et la minimisation des pertes par incendie ont affecté les profits, non seulement dans le raffinage, mais ont touché de nombreuses autres entreprises associées : la fabrication de sous-produits, les réservoirs et les navires à vapeur, les stations de pompage, etc.

Nous nous sommes consacrés exclusivement à l'activité pétrolière et à ses produits. La société ne s'est jamais lancée dans des entreprises extérieures, mais s'est consacrée à l'énorme tâche de perfectionner sa propre organisation. Nous avons éduqué nos propres hommes ; nous avons formé beaucoup d'entre eux dès leur enfance ; nous nous sommes efforcés de les garder loyaux en leur donnant toute latitude pour faire valoir leurs capacités ; ils ont eu l'occasion d'acheter des actions, et la société elle-même les a aidés à financer leurs achats. Non seulement ici en Amérique, mais dans le monde entier, nos jeunes hommes ont eu la possibilité de progresser, et les fils des anciens partenaires ont été accueillis dans les conseils et les responsabilités de l'administration. Je peux dire que la société a été dans toute son histoire, et je suis sûr qu'elle l'est encore aujourd'hui, une association très heureuse de personnes actives.

On m'a demandé si mes conseils n'étaient pas souvent sollicités par les gestionnaires actuels. Je peux dire que si c'était le cas, je les donnerais volontiers. Mais le fait est que depuis que je me suis retiré, mes conseils ont été très peu sollicités. Je suis toujours un gros actionnaire, et j'ai même augmenté ma participation dans les actions de la société depuis que j'ai renoncé à toute participation à sa gestion.

POURQUOI LA STANDARD PAIE-T-ELLE DE GROS DIVIDENDES ?

Laissez-moi vous expliquer ce que beaucoup de gens, peut-être, comprennent parfaitement, mais que certains, j'en suis sûr, ne comprennent pas. La Standard verse quatre dividendes par année : le premier en mars, qui est le résultat de la saison la plus occupée de tout le mois, car on consomme plus de pétrole en hiver que pendant autres saisons, et trois autres dividendes plus tard, à des périodes à peu près également réparties. Ces dividendes s'élèvent à 40 % du capital-actions de 100 000 000 $, mais cela ne signifie pas que le bénéfice est de 40 % du capital investi. En fait, il s'agit des résultats des économies et des surplus accumulés pendant les trente-cinq ou quarante années de fonctionnement des compagnies. Le capital social pourrait être augmenté de plusieurs centaines de pour cent sans qu'il y ait un sou de surcapitalisation ou d'"eau" ; la valeur réelle est là. Si cette augmentation avait été faite, le taux représenterait un pouvoir de dividende modéré d'environ 6 à 8 pour cent.

UNE CROISSANCE NORMALE

Étudiez un instant le résultat de ce qui a été une augmentation naturelle et absolument normale de la valeur des biens de la compagnie. De nombreuses canalisations ont été construites à une époque où les coûts étaient environ à 50 % de ce qu'ils sont aujourd'hui. De grands champs de pétrole ont été achetés en tant que sol vierge, qui ont ensuite donné un immense rendement. Des quantités de pétrole brut de qualité inférieure, qui avaient été achetées par la compagnie alors qu'on les croyait de peu de valeur, mais que la compagnie espérait éventuellement utiliser, ont vu leur valeur augmenter considérablement grâce à des inventions permettant de les raffiner et d'utiliser des résidus autrefois considérés comme presque sans valeur. La propriété des docks a été obtenue à bas prix et valorisée par des constructions et des aménagements. De grandes étendues de terre non améliorées près des centres d'affaires importants ont été acquises. Nous avons apporté nos industries à ces endroits, rendu les terres utiles et augmenté la valeur, non seulement de notre propre propriété, mais aussi des terres adjacentes à plusieurs fois leur valeur originale. Partout où nous avons établi des entreprises dans ce pays et dans d'autres pays, nous avons acheté une grande partie de la propriété. Je me souviens d'un cas où nous n'avons payé qu'environ 1 000 $ l'hare pour un terrain brut destiné à être utilisé à de telles fins et, grâce aux améliorations que nous avons apportées, sa valeur a été multipliée par 40 ou 50 en 35 ou 40 ans.

D'autres ont connu des augmentations similaires de la valeur de leurs propriétés, mais ont augmenté leur capitalisation en conséquence. Ils ont échappé aux critiques qui ont été dirigées contre nous, qui, avec nos notions démodées et conservatrices, avons continué sans une telle expansion de la capitalisation.

Il n'y a rien d'étrange ou de miraculeux dans tout cela ; tout s'est fait par cette loi naturelle du développement du commerce. C'est ce qu'ont fait les Astor et de nombreux autres grands propriétaires terriens.

Si un homme commence à faire des affaires avec un capital de 1 000 $ et qu'il augmente graduellement sa propriété et son investissement en conservant dans son entreprise une grande partie de ses gains, au lieu de les dépenser, et qu'il accumule ainsi des valeurs jusqu'à ce que son investissement atteigne, disons, 10 000 $, il serait insensé de baser le pourcentage de ses profits réels uniquement sur le 1 000 $ initial avec lequel il a commencé. Ici encore, je pense que les gestionnaires de la Standard devraient être félicités et non blâmés. Ils ont donné l'exemple de la construction sur les lignes les plus conservatrices, et dans une activité qui a toujours été, pour le moins, dangereuse, et dans une large mesure inévitablement spéculative. Pourtant, personne ayant compté sur la propriété de ces actions pour obtenir un revenu annuel n'a été déçu, et les actions sont détenues par un nombre croissant de petits porteurs dans tout le pays.

LA GESTION DU CAPITAL

Nous n'avons jamais essayé, comme je l'ai déjà dit, de vendre les actions de la Standard Oil sur le marché par l'intermédiaire de la Bourse. Dans les premiers temps, les risques de l'entreprise étaient grands, et si les actions avaient été négociées à la Bourse, leurs fluctuations auraient sans doute été violentes. Nous avons préféré que l'attention des propriétaires et des administrateurs de l'entreprise soit entièrement dirigée vers le développement légitime de l'entreprise plutôt que vers la spéculation sur ses actions. Les intérêts de la société ont été soigneusement préservés. On nous a reproché de verser de gros dividendes sur une capitalisation qui ne représente qu'une petite partie de la propriété réelle de la société. Si nous avions augmenté la capitalisation pour l'amener à la valeur réelle, et si nous avions inscrit les actions à la Bourse, nous aurions pu être critiqués pour avoir promu un projet pour inciter le public à investir. Comme je l'ai indiqué, les fondations de la société étaient si bien établies, et ses affaires si prudemment gérées, qu'après la période antérieure de lutte pour obtenir un capital adéquat et compte tenu des expériences éprouvantes par lesquelles nous sommes passés, nous avons décidé de poursuivre la politique de compter sur nos propres ressources. Depuis lors, nous n'avons jamais été obligés de nous appuyer fortement sur le public financier, mais nous avons plutôt cherché à nous tenir en position non seulement de protéger nos propres intérêts importants, mais aussi d'être prêts, dans les moments difficiles, à prêter main forte aux autres. La société a souffert des déclarations de personnes qui, j'en suis convaincu, ne connaissent pas tous les faits. Comme j'ai cessé depuis longtemps de prendre une part active à la gestion de ses affaires, je peux peut-être émettre l'opinion que les hommes qui se consacrent à la promotion de la vente des produits américains dans le monde entier, en concurrence avec les fabricants étrangers, devraient être appréciés et encouragés.

On a raconté tant d'histoires sur les prétendues spéculations de la Standard Oil Company que je peux dire un mot à ce sujet. Cette société ne s'intéresse qu'aux produits pétroliers et aux affaires manufacturières qui y sont légitimement liées. Elle possède des usines pour la fabrication de barils et de réservoirs, et des pompes pour le pompage du pétrole ; elle possède des navires pour le transport du pétrole, des wagons-citernes, des tuyaux pour le transport du pétrole, etc., etc. Mais elle ne s'occupe pas d'intérêts spéculatifs. L'industrie pétrolière elle-même est suffisamment spéculative, et son administration réussie exige une main ferme et une tête froide.

La société verse à ses actionnaires des dividendes qu'elle gagne en exerçant ce commerce du pétrole. Les actionnaires peuvent utiliser cet argent comme ils l'entendent, mais la société n'est en aucun cas responsable de l'utilisation que les actionnaires font de leurs dividendes. La Standard Oil Company ne possède ni ne contrôle "une chaîne de banques", et n'a aucun intérêt direct ou indirect dans une banque. Ses relations se limitent aux fonctions de banque ordinaire, comme celles des autres déposants. Elle achète et vend ses propres devises, et ces transactions, qui s'étendent sur de nombreuses années, ont rendu ses lettres de change acceptables dans le monde entier.

L'ESSENTIEL : LE CARACTÈRE

En parlant du véritable début de la Standard Oil Company, il faut se rappeler que ce n'était pas tant la consolidation [95] des entreprises dans lesquelles nous avions un intérêt personnel, mais le rassemblement des hommes qui avaient la puissance cérébrale combinée pour faire le travail, qui était le point de départ réel. Il vaut peut-être la peine de souligner à nouveau le fait que ce ne sont pas seulement les capitaux, les "usines" et les choses strictement matérielles qui constituent une entreprise, mais le caractère des hommes derrière ces choses, leur personnalité et leurs capacités ; ce sont les éléments essentiels dont il faut tenir compte.

À la fin de l'année 1871, nous avons commencé à acheter certains des intérêts les plus importants des raffineries de Cleveland. Les conditions étaient si chaotiques et incertaines que la plupart des raffineurs étaient très désireux de se retirer des affaires. Nous avons invariablement offert à ceux qui voulaient vendre la possibilité de prendre du liquide ou des actions de la société. Nous préférions de loin qu'ils prennent des actions, parce qu'à l'époque, un dollar était aussi important qu'une roue de charrette, mais pour des raisons de politique commerciale, nous avons jugé souhaitable de leur offrir cette option et, dans la plupart des cas, ils se sont même empressés de choisir l'argent. Ils savaient ce qu'un dollar pouvait acheter, mais ils étaient très sceptiques quant aux possibilités de ressusciter l'activité pétrolière et de donner une valeur permanente à ces actions.

Ces achats se sont poursuivis pendant une longue période, au cours de laquelle plusieurs des raffineries les plus importantes de Cleveland ont été achetées par la Standard Oil

Company. Certaines des plus petites entreprises, cependant, ont continué à travailler pendant de nombreuses années, bien qu'elles aient eu la même opportunité que les autres de vendre. Il y avait toujours, à d'autres points de raffinage considérés comme plus favorables que Cleveland, de nombreuses raffineries en activité.

L'ACHAT DE BACKUS

Tous ces achats de raffineries ont été effectués avec la plus grande équité et la plus grande bonne foi de notre part, et pourtant, dans de nombreux quartiers, l'histoire de certaines de ces transactions a été racontée sous une forme telle qu'elle a donné l'impression que les ventes ont été faites contre leur gré et seulement parce que les vendeurs ont été forcés de les faire par l'exercice le plus impitoyable de leur pouvoir supérieur. Il y a une transaction, à savoir l'achat de la propriété de la Backus Oil Company, qui a été exploitée de diverses manières, et on me fait apparaître comme ayant personnellement volé à une veuve sans défense un bien de grande valeur, en ne lui payant qu'une fraction de sa valeur. L'histoire telle qu'elle est racontée est de celles qui font le plus appel à la sympathie et, si elle était vraie, elle représenterait un exemple choquant de cruauté dans l'écrasement d'une femme sans défense. Il est probable que sa large diffusion et son acceptation comme vraie par ceux qui ne connaissent rien des faits a éveillé plus d'hostilité contre la Standard Oil Company et contre moi personnellement que toute accusation qui a été faite.

C'est la raison pour laquelle j'entre autant dans les détails dans ce cas particulier, ce que je suis extrêmement réticent à faire, et que je me suis abstenu de faire pendant de nombreuses années.

M. F.M. Backus, un citoyen très respecté de Cleveland et un de mes vieux amis personnels, s'était engagé pendant plusieurs années avant sa mort en 1874 dans le commerce des huiles lubrifiantes, qui a été poursuivi après sa mort sous la forme d'une société connue sous le nom de Backus Oil Company. Dans la dernière partie de l'année 1878, notre société a acheté certaines parties de la propriété de cette société. Les négociations qui ont abouti à cet achat ont duré plusieurs semaines et ont été menées au nom de Mme Backus, en tant que principale actionnaire, par M. Charles H. Marr, et au nom de notre société par M. Peter S. Jennings. Je n'ai personnellement rien eu à voir avec les négociations, sauf que, lorsque l'affaire a été soulevée pour la première fois, Mme Backus m'a demandé de passer chez elle, ce que j'ai fait, lorsqu'elle a parlé de vendre la propriété à notre société et m'a demandé de mener personnellement les négociations avec elle à ce sujet. J'ai été obligé de refuser de le faire, car, comme je lui ai expliqué, je n'étais pas familier avec les détails de cette affaire. Au cours de cette conversation, je lui ai conseillé de ne pas prendre de mesures hâtives, et lorsqu'elle a exprimé des craintes quant à l'avenir de l'entreprise, en déclarant, par exemple, qu'elle ne pourrait pas obtenir de voitures pour transporter suffisamment de pétrole, je lui ai dit que, bien que nous utilisions nos voitures et que nous en ayons besoin dans notre entreprise, nous lui prêterions le nombre de voitures dont elle aurait besoin et ferions tout ce qui est en notre pouvoir pour l'aider, et je ne voyais pas pourquoi elle ne pourrait pas poursuivre son entreprise avec succès à l'avenir comme dans le passé. Je lui ai dit, cependant, que si, après réflexion, elle souhaitait poursuivre les négociations pour la vente de sa propriété, certains de nos employés, qui connaissent bien le secteur des huiles lubrifiantes, aborderaient la question avec elle. Comme elle exprimait toujours le désir que notre société achète sa propriété, les négociations ont été reprises par M. Jennings, et la seule autre chose que j'ai eus à faire dans cette affaire, c'est que lorsque nos experts ont rapporté que, selon leur jugement, la valeur des travaux, de la bonne volonté et de la succession que nous avions décidé d'acheter valait une certaine somme, je leur ai demandé d'ajouter 10 000 $, afin d'être doublement sûr qu'elle recevrait la pleine valeur. La vente a été consommée, comme nous le supposions, à l'entière satisfaction de Mme Backus, et le prix d'achat qui avait été convenu a été payé.

À mon grand étonnement, un jour ou deux après la conclusion de la transaction, j'ai reçu d'elle une lettre très désagréable dans laquelle elle se plaignait d'avoir été traitée injustement. Après avoir enquêté sur cette affaire, je lui ai écrit la lettre suivante :

Le 13 novembre 1878.

CHÈRE MADAME :

J'ai gardé votre note du 11 août, reçue hier, jusqu'à aujourd'hui, car je souhaitais examiner minutieusement tous les points liés aux négociations pour l'achat des actions de la Backus Oil Company, afin de m'assurer que je n'avais pas involontairement fait quelque chose qui aurait pu vous blesser. Il est vrai que lors de l'entretien que j'ai eu avec vous, j'ai suggéré que si vous le souhaitiez, vous pourriez conserver un intérêt dans les affaires de la Backus Oil Company, en gardant un certain nombre de ses actions, et j'ai ensuite compris que vous disiez que si vous vendiez, vous souhaitiez vous retirer entièrement des affaires. C'est ce que j'ai compris, nos arrangements ont été faits au cas où vous avez conclu de faire la vente qui a empêché tout autre intérêt d'être représenté, et donc, quand vous avez fait la demande de prendre une partie des actions, notre réponse a été donnée conformément aux faits notés ci-dessus, mais pas du tout dans l'esprit dans lequel vous faites référence au refus dans votre note. En ce qui concerne la référence que vous faites à ma permission de vous retirer les affaires de la Backus Oil Company, je dis que sur ce point comme sur tout ce que vous avez écrit dans votre lettre du 11 août, vous me faites le plus grand tort. Il importait peu aux intérêts que je représente que l'entreprise de la Backus Oil Company soit achetée ou non. Je crois qu'il était de votre intérêt de faire la vente, et je suis tout à fait franc dans cette déclaration, et je vous prie d'attirer votre attention sur le moment, il y a environ deux ans, où vous avez consulté M. Flagler et moi-même au sujet de la vente de vos intérêts à M. Rose, à laquelle vous étiez désireux de vendre à un prix considérablement inférieur, et à temps, que vous avez maintenant reçu en espèces, et dont vous auriez été heureuse de conclure la vente si vous aviez pu obtenir une garantie satisfaisante pour les paiements différés. Quant au prix payé pour la propriété, il est certainement trois fois plus élevé que le coût auquel nous pourrions maintenant construire des installations égales ou meilleures ; mais souhaitant avoir une vue libérale de la chose, j'ai insisté sur la proposition de payer 60 000 $, ce qui a été jugé beaucoup trop élevé par certains de nos partis. Je crois que si vous reconsidérez ce que vous avez écrit dans votre lettre, à laquelle ceci est une réponse, vous devez admettre que vous m'avez fait une grande injustice, et je suis satisfait d'attendre votre sens inné du droit pour une telle admission. Toutefois, compte tenu de ce qui semble être votre sentiment actuel, je vous propose maintenant de vous restituer l'achat que nous avons fait, vous rendant simplement la somme d'argent que nous avons investie, et nous laissant comme si aucun achat n'avait été fait.

Si vous ne souhaitez pas accepter cette proposition, je vous offre 100, 200 ou 300 actions au même prix que celui que nous avons payé, en ajoutant que si nous gardons la propriété, nous nous engageons à verser au trésor de la Backus Oil Company tout montant qui, ajouté au montant déjà payé, ferait un total de 100 000 $ et rendrait ainsi les actions à 100 $ chacune.

Pour que vous ne soyez pas obligés de tirer une conclusion hâtive, je laisserai ces propositions ouvertes pendant trois jours pour que vous les acceptiez ou les refusiez.

Bien à vous,

John D. Rockfeller

Aucune de ces offres n'a été acceptée. Afin que cela ne repose pas sur une affirmation non étayée, je soumets les documents suivants : Le premier est une lettre de M. H.M. Backus, un frère du mari décédé de Mme Backus, qui avait été associé à l'entreprise et était resté dans la société après sa mort. Cette lettre a été écrite sans aucune sollicitation de ma part, mais j'ai depuis reçu la permission de M. Backus de l'imprimer. Elle est suivie d'extraits de déclarations sous serment faites par l'homme qui a mené les négociations au nom de Mme Backus. Je ne souhaite pas reproduire l'allusion élogieuse à mon égard dans la lettre de M. Backus, mais j'ai craint d'en omettre un seul mot de peur qu'un malentendu ne s'ensuive :

BOWLING GREEN, OHIO

18 septembre 2003.
M. JOHN D. ROCKEFELLER,
Cleveland, Ohio.

Je ne sais pas si vous recevrez jamais cette lettre ou non, si votre secrétaire la jettera dans la corbeille à papier ou [102] non, mais je ferai ma part et la sortirai de mon esprit, et ce ne sera pas ma faute si vous ne la recevez pas ou ne la lisez pas. Depuis le jour où la femme de mon défunt frère, Mme F.N. Backus, vous a écrit une lettre injuste et déraisonnable au sujet de la vente des biens de l'ancienne Backus Oil Company, dans laquelle j'avais un petit intérêt, j'ai voulu vous écrire pour vous faire part de ma désapprobation de cette lettre. Je vivais avec la famille de mon frère, j'étais à la maison le jour où vous avez appelé pour parler de l'achat proposé de la propriété avec Mme Backus, à sa demande, car elle avait dit à M. Jennings qu'elle voulait traiter avec vous. J'étais en faveur de la vente dès le début.

J'étais avec Mme Backus tout au long des problèmes avec M. Rose et avec M. Maloney, j'ai fait ce que j'ai pu pour l'encourager et pour empêcher M. Rose de prendre le dessus sur elle. Mme Backus, à mon avis, est une exceptionnellement bonne financière, mais elle ne sait pas et personne ne peut la convaincre que la meilleure chose qui lui soit jamais arrivée financièrement est la vente de ses intérêts dans la Backus Oil Company à vos gens. Elle ne sait pas que cinq années supplémentaires de concurrence désespérée, alors en pleine expansion, auraient mis la compagnie en faillite, et qu'avec la grosse dette qu'elle portait sur le terrain d'Euclid Avenue, près de Sheriff Street, elle aurait été submergée, et que la seule chose qui l'ait jamais sauvée, elle et l'industrie pétrolière en général, a été le plan de John D. Rockefeller. Elle pense que vous lui avez littéralement volé des millions, et nourrit ses enfants avec ce régime trois fois par jour plus ou moins, principalement plus, jusqu'à ce que cela devienne une manie pour elle, et aucun argument que quelqu'un d'autre puisse suggérer n'aura d'effet sur elle. Elle est sage et bonne à bien des égards, mais sur ce sujet précis, elle est unilatérale, je pense. Bien sûr, si nous avions pu être assurés d'un maintien des dividendes, je me serais opposé à la vente de l'entreprise, mais c'était hors de question. Je sais que dix mille dollars ont été ajoutés au prix d'achat de la propriété à votre demande, et je sais que vous avez payé trois fois la valeur de la propriété, et je sais que tout ce qui a sauvé notre société de la ruine a été la vente de sa propriété à vous, et je veux simplement soulager mon esprit en vous rendant justice en le disant. Après la vente à votre compagnie, j'ai eu la simplicité d'aller à Buffalo et de tenter à nouveau ma chance, mais j'ai vite connu la défaite et je me suis retiré avec mon drapeau dans la poussière. Je suis ensuite allé à Duluth, et j'étais au sommet de la vague, jusqu'à ce que la bulle immobilière éclate et que je me casse avec elle. J'ai eu des hauts et des bas, mais j'ai essayé de prendre mes médicaments et d'être agréable au lieu de m'asseoir sous un genévrier et de blâmer John D. Rockefeller pour mes pertes.

Je suppose que j'aurais reporté la rédaction de cette lettre d'un an ou plus, comme je l'ai fait jusqu'à présent, si je n'avais pas eu une petite conversation avec M. Hanafin, surintendant de la Buckeye Pipe Line Company, il y a un jour ou deux, lorsque j'ai raconté la vente, etc. Mais c'est fait maintenant, et je n'y pense plus.

Avec beaucoup de respect et d'admiration pour John D. Rockefeller,

Sincèrement,

H. M. Backus

Il ressort des déclarations sous serment que les négociations ont été menées au nom de Mme Backus et de sa société par Charles H. Marr, qui avait été employé par la société Backus pendant un certain temps, et par M. Maloney, qui était le surintendant de la société depuis son organisation et qui était également actionnaire, et au nom de la Standard Oil Company par M. Peter S. Jennings.

On a eu l'impression que la Standard Oil Company a acheté pour 79 000 $ des biens qui valaient raisonnablement beaucoup plus, et que ce sacrifice a été provoqué par des menaces et des contraintes. M. Jennings a demandé à M. Marr de lui soumettre une proposition écrite indiquant le prix fixé par la société Backus pour les différents biens et actifs qu'elle souhaitait vendre. Cette déclaration a été fournie et a été annexée à l'affidavit de M. Jennings. La Standard Oil Company a finalement décidé de ne pas acheter tous les actifs de la société, mais seulement le pétrole en stock, pour lequel elle a payé le plein prix du marché, soit environ 19 000 $, et l'article "travaux, bonne volonté et succession", qui a été offert par M. Marr à 71 000 $, et pour lequel la Standard a offert 60 000 $, qui ont été rapidement acceptés. M. Marr a fait la déclaration sous serment suivante :

"Charles H. Marr, dûment assermenté, déclare que, au nom de la Backus Oil Company, il a mené les négociations qui ont abouti à la vente de ses usines, de son fonds de commerce et de son stock d'huiles et que, pendant ces négociations, ladite compagnie a offert de vendre l'ensemble de son stock pour une somme brute, à savoir la somme de cent cinquante mille dollars (150 000 $), qui devait inclure l'argent en caisse, les dividendes accumulés, les comptes, etc., ledit Jennings a demandé à ladite société de soumettre une proposition détaillée fixant la valeur des différents articles proposés à la vente, et qu'il a, après mûre réflexion avec Mme Backus et avec sa connaissance et son consentement, soumis la proposition écrite jointe à l'affidavit dudit Jennings ; que cette proposition est écrite de sa main et a été copiée au bureau de l'American Lubricating Oil Company à partir de l'original par lui-même à la demande dudit Jennings, et que ledit original a été soumis par l'affiant à Mme Backus.

"Elle était parfaitement au courant de tous les détails de ces négociations et des éléments et valeurs qui y étaient attachés dans cette proposition, elle a été consultée à chaque étape, dont aucune n'a été prise sans son avis, car elle était de loin le plus grand actionnaire de la Backus Oil Company, possédant environ sept dixièmes (7/10) des actions de ladite société, et elle a pleinement approuvé ladite proposition, et a accepté l'offre dudit Jennings de payer soixante mille dollars (60.000 $) pour les travaux, la bonne volonté et la succession sans aucune opposition, pour autant que le déposant le sache. Et l'affiant dit que le montant réalisé à partir des actifs de la Backus Oil Company, y compris le prix d'achat, a été d'environ cent trente-trois mille dollars (133 000 $), et une partie de ses actifs n'a pas encore été convertie en argent, pour autant que l'affiant en soit informé."

M. Marr, qui était, on s'en souvient, le représentant de la veuve, fait référence aux négociations qui ont mené à l'achat et dit :

"Mais l'affiant dit que rien de ce qui a été dit par M. Jennings ou quelqu'un d'autre pendant leur progression n'a pu être interprété comme une menace, et que rien de ce qui a été dit ou fait par ledit Jennings n'a accéléré ou fait avancer ledit échange."

Il dit aussi :

"Le déposant affirme que les négociations se sont étendues sur une période de deux à trois semaines... et que pendant leur durée, Mme Backus a fréquemment exhorté le déposant à les mener à bien, car elle était impatiente de se débarrasser de cette affaire et de se libérer de tout soin et de toute responsabilité à cet égard. Et lorsque l'offre d'achat de Jennings aux conditions susmentionnées lui a été communiquée par le déposant, elle s'est déclarée entièrement satisfaite de cette offre.

M. Maloney a déclaré sous serment qu'il était surintendant de la Backus Oil Company depuis sa création, qu'il était également actionnaire de la société et qu'il avait été associé en affaires avec M. Backus pendant de nombreuses années avant sa mort ; qu'il a pris part aux négociations de la vente, représentant Mme Backus dans cette affaire. Après avoir parlé des négociations, il dit

" Finalement, après consultation, la proposition fut faite par elle de céder les œuvres, le fonds de commerce et la succession pour 71 000 $. Quelques jours après, il lui a été proposé de payer la somme de 60 000 $ pour les travaux et l'achalandage, et de prendre le pétrole en main à son prix du marché, proposition qu'elle a acceptée, et la vente a été conclue.

"Pendant ces négociations, Mme Backus était impatiente de vendre, et elle était entièrement satisfaite de la vente après qu'elle ait été conclue. Je sais qu'environ un an et demi avant, elle avait offert de vendre le stock de la Backus Oil Company à un prix inférieur de 30 à 33 pour cent à celui qu'elle a reçu dans la vente mentionnée, et la valeur des travaux et des biens vendus n'avait pas augmenté entre-temps. Je connaissais bien les travaux de la Backus Oil Company et leur valeur. Au moment de la vente, j'aurais pu construire l'usine à neuf pour 25 000 $. Il n'y a eu ni menaces, ni intimidations, ni rien de ce genre pour forcer la vente. Les négociations ont été agréables et équitables, et le prix payé était supérieur à la valeur, et satisfaisant pour Mme Backus et tous ceux qui étaient concernés par elle."

Pour autant que je puisse le constater, après plus de 30 ans, la Standard Oil Company n'a fait preuve que de la plus grande gentillesse et de la plus grande considération à l'égard de Mme Backus. Je regrette que Mme Backus n'ait pas pris au moins une partie de son salaire en certificats Standard, comme nous lui avions suggéré de le faire.

LA QUESTION DES RABAIS

De tous les sujets qui semblent avoir attiré l'attention du public sur les affaires de la Standard Oil Company, la question des remises des chemins de fer a peut-être été la plus importante. La Standard Oil Company de l'Ohio, dont j'étais le président, a reçu des remises des chemins de fer avant 1880, mais n'a reçu aucun avantage pour lequel elle n'a pas donné une compensation complète. La raison des rabais était que telle était la méthode d'affaires des chemins de fer. Un taux public était établi et perçu par les compagnies de chemin de fer, mais, pour autant que je sache, il était rarement conservé dans son intégralité ; une partie de ce taux était remboursée aux expéditeurs sous forme de rabais. Grâce à cette méthode, le taux réel de fret payé par un expéditeur n'était pas connu de ses concurrents ni des autres compagnies de chemin de fer, le montant étant négocié avec la compagnie de transport. Chaque expéditeur faisait la meilleure affaire possible, mais savoir s'il faisait mieux que son concurrent n'était qu'une question de conjecture. Cela dépendait en grande partie du fait que l'expéditeur avait l'avantage de la concurrence des transporteurs.

La Standard Oil Company of Ohio, située à Cleveland, avait l'avantage de disposer de différentes lignes de transport, ainsi que d'un transport maritime en été ; profitant de ces facilités, elle faisait les meilleures affaires possibles pour ses frets. D'autres compagnies ont cherché à faire de même. La Standard offrait des avantages aux chemins de fer dans le but de réduire le coût du transport des marchandises. Elle offrait des frets en grande quantité, par wagons et par trains. Il fournissait des installations de chargement et de déchargement à un coût élevé. Il assurait un trafic régulier, de sorte qu'un chemin de fer pouvait effectuer son transport au mieux et utiliser son matériel dans toute la mesure de sa capacité de transport sans attendre la commodité du raffineur. Elle a exempté les chemins de fer de toute responsabilité en cas d'incendie et a souscrit sa propre assurance. Elle fournissait à ses propres frais des installations terminales qui permettaient des économies de manutention. Pour ces services, elle a obtenu des contrats pour des allocations spéciales sur les frets.

Mais malgré ces allocations spéciales, ce trafic de la Standard Oil Company était beaucoup plus rentable pour les compagnies de chemin de fer que le trafic plus petit et irrégulier, qui aurait pu payer un taux plus élevé.

Pour comprendre la situation qui a influencé l'octroi et l'acceptation des rabais, il faut se rappeler que les chemins de fer étaient tous désireux d'accroître leur trafic de marchandises. Ils étaient en concurrence avec les facilités et les tarifs offerts par les bateaux sur les lacs et les canaux et par les pipe-lines. Tous ces moyens de transport du pétrole ont réduit les activités des chemins de fer, et ils étaient désespérément désireux de faire face à cette concurrence. Comme je l'ai dit, nous avons fourni des moyens pour charger et décharger les wagons rapidement, nous avons accepté de fournir un nombre fixe et régulier de wagons à transporter chaque jour, et nous avons pris des dispositions avec eux pour toutes les autres choses que j'ai mentionnées, le résultat final étant de réduire le coût du transport à la fois pour les chemins de fer et pour nous. Tout cela était conforme aux lois naturelles du commerce.

PIPE-LINES VS. CHEMIN DE FER

La construction des pipe-lines a introduit un autre concurrent redoutable pour les chemins de fer, mais comme le pétrole pouvait être transporté par pompage dans des tuyaux à un coût bien moindre que par le transport dans des wagons-citernes dans un train de chemin de fer, le développement des pipe-lines était inévitable. La question était simplement de savoir si le trafic pétrolier était suffisant en volume pour rentabiliser l'investissement. Lorsque des pipe-lines ont été construits vers des champs pétrolifères où les puits avaient cessé de produire, comme cela arrivait souvent, ils étaient à peu près la propriété la plus inutile que l'on puisse imaginer.

Une caractéristique intéressante s'est développée à travers les relations qui se sont développées entre les chemins de fer et les pipe-lines. Dans de nombreux cas, il était nécessaire de combiner les installations des deux, car les tuyaux n'atteignaient qu'une partie du chemin, et à partir de l'endroit où ils se terminaient, le chemin de fer transportait le pétrole vers sa destination finale. Dans certains cas, un chemin de fer avait auparavant transporté le pétrole sur toute la distance à un taux convenu, mais maintenant que ce pétrole était en partie pompé par les pipelines et en partie transporté par le rail, le paiement du fret était divisé entre les deux. Mais, comme un taux de passage avait été prévu, les propriétaires du pipe-line acceptaient de remettre une partie de ses frais au chemin de fer, de sorte que nous avions des cas où la Standard payait un rabais au chemin de fer au lieu de l'inverse - mais je ne me souviens pas avoir entendu de plainte à ce sujet de la part des étudiants de ces sujets compliqués.

Les profits de la Standard Oil Company ne provenaient pas des avantages accordés par les chemins de fer. Les chemins de fer, au contraire, étaient ceux qui profitaient du trafic de la Standard Oil Company, et tout avantage qu'elle recevait dans ses efforts constants pour réduire les taux de fret n'était qu'un des nombreux éléments de réduction du coût pour le consommateur qui nous permettait d'augmenter notre volume d'affaires dans le monde entier parce que nous pouvions réduire le prix de vente.

Il est difficile d'imaginer à quel point le marchandage compliqué des tarifs était général ; chacun obtenait le meilleur tarif qu'il pouvait. Après l'adoption de la loi sur le commerce interétatique, on a appris que de nombreuses petites entreprises qui expédiaient des quantités limitées avaient reçu des taux inférieurs à ceux que nous avions pu obtenir, malgré le fait que nous avions fait de gros investissements pour fournir des installations terminales, des expéditions régulières et d'autres économies. Je me souviens bien d'un homme brillant de Boston qui avait beaucoup à dire sur les rabais et les ristournes. C'était un marchand âgé et expérimenté, qui s'occupait de ses affaires avec un œil prudent et attentif. Il craignait que certains de ses concurrents ne fassent mieux que lui dans la négociation des tarifs, et il s'est livré à cette conviction :

"Je suis opposé par principe à tout le système des rabais et des ristournes - à moins que je n'en fasse partie."

CHAPITRE V : AUTRES EXPÉRIENCES ET PRINCIPES COMMERCIAUX

Aller dans les champs de minerai de fer a été l'une de ces expériences dans lesquelles on se retrouve plutôt contre sa volonté, car ce n'était pas un plan délibéré de ma part d'étendre mes soins et mes responsabilités. Mon lien avec les minerais de fer est né de quelques investissements malheureux dans le Nord-Ouest.

Ces intérêts comprenaient un grand nombre d'industries différentes, des mines, des aciéries, des usines de papier, une usine de clous, des chemins de fer, des champs de bois, des propriétés de fusion et d'autres investissements que j'ai oubliés. J'étais un actionnaire minoritaire dans toutes ces entreprises et je ne participais pas à leur gestion. Elles n'étaient pas toutes rentables. En fait, pendant une période de quelques années précédant la panique de 1893, les valeurs étaient plus ou moins gonflées, et beaucoup de gens qui pensaient être riches ont découvert que les faits réels étaient tout à fait différents de ce qu'ils avaient imaginé lorsque les dures expériences de cette panique leur ont imposé la vérité désagréable.

La plupart de ces propriétés, je ne les ai même pas vues, car je me suis fié à l'enquête d'autres personnes concernant leur valeur ; en effet, je n'ai jamais eu l'habitude de me fier uniquement à ma propre connaissance de la valeur de ces plantes. J'ai trouvé d'autres personnes qui savaient beaucoup mieux que moi comment enquêter sur de telles entreprises.

Même à cette époque, j'avais l'intention de me libérer des soucis professionnels, et la panique m'a seulement poussé à reporter les longues vacances que j'avais prévues. J'ai eu la chance de faire la connaissance de M. Frederick T. Gates, qui était alors engagé dans un travail en relation avec l'American Baptist Education Society, ce qui l'obligeait à voyager beaucoup dans le pays, au nord, au sud, à l'est et à l'ouest.

J'ai pensé que M. Gates, qui avait beaucoup de bon sens, mais pas d'informations techniques particulières sur les usines et les moulins, pourrait m'aider à obtenir des informations de première main sur la façon dont ces entreprises prospèrent. Un jour, alors qu'il se dirigeait vers le Sud, je lui ai suggéré de visiter une usine de fer à laquelle je m'intéressais et qui se trouvait sur sa route.

Son rapport était un modèle de ce qu'un tel rapport devrait être. Il exposait les faits, et dans ce cas, ils étaient presque tous défavorables. Un peu plus tard, il se trouvait dans l'Ouest et je lui ai donné le nom et l'adresse d'une propriété dans cette région dans laquelle je détenais une participation minoritaire. Je me sentais tout à fait sûr que cette propriété particulière se portait bien, et j'ai été quelque peu choqué d'apprendre par son compte rendu clair et précis que ce n'était qu'une question de temps avant que cette entreprise, elle aussi, qui avait été présentée comme roulant sur l'argent, n'ait des problèmes si les choses continuaient comme elles allaient.

SOINS INFIRMIERS POUR LES MALADES COMMERCIAUX

Je me suis alors arrangé avec M. Gates pour qu'il accepte un poste qui lui permettrait de m'aider à démêler ces affaires embrouillées et de devenir, comme moi, un homme d'affaires, mais il a été convenu entre nous qu'il ne devait pas abandonner ses projets plus vastes et plus importants pour réaliser certaines de ses aspirations philanthropiques.

Je peux m'arrêter ici pour reconnaître à M. Gates le mérite de posséder une combinaison d'aptitudes commerciales rares, très développées et très honorablement exercées, assombries par la passion d'accomplir de grands et vastes bénéfices pour l'humanité, dont l'influence sera durable. Il est président du General Education Board et actif dans de nombreux autres conseils, et pendant des années, il a aidé dans les divers plans auxquels nous nous sommes intéressés et pour lesquels de l'argent a été donné dans l'espoir qu'il ferait quelque chose de plus qu'un service temporaire.

Pendant de nombreuses années, M. Gates a été étroitement associé à mes affaires personnelles. Il a traversé avec moi des périodes difficiles et m'a déchargé de nombreuses tâches, me laissant plus de temps pour jouer au golf, tracer des routes, déplacer des arbres et m'adonner à d'autres occupations agréables. Ses efforts dans les enquêtes liées à nos contributions éducatives, à nos recherches médicales et à d'autres travaux similaires ont été très fructueux. Au cours des dix ou douze dernières années, mon fils a partagé avec M. Gates la responsabilité de ce travail, et plus récemment, M. Starr J.

Murphy s'est joint à nous pour aider M. Gates, qui a supporté la chaleur et le fardeau de la journée, et a bien mérité les loisirs dont nous voulions qu'il profite.

Mais pour en revenir à l'histoire de nos investissements en difficulté : M. Gates a étudié chacune de ces entreprises et a fait de son mieux. Nous avons eu pour politique de ne jamais permettre qu'une entreprise dans laquelle nous avions des intérêts soit mise en faillite si nous pouvions l'empêcher, car les mises sous séquestre sont très coûteuses à bien des égards et impliquent souvent de lourds sacrifices de valeurs authentiques. Notre plan a été de rester avec l'institution, de la soigner, de lui prêter de l'argent quand c'était nécessaire, d'améliorer les installations, de réduire la production et de profiter des occasions que le temps et la patience sont susceptibles d'apporter pour la rendre autonome et prospère. C'est ainsi que nous nous sommes occupés avec soin des affaires de ces entreprises paralysées pendant les périodes difficiles de 1893 et 1894, et que nous avons continué à en gérer plusieurs pendant des années ; parfois en achetant les intérêts des autres et parfois en vendant nos propres intérêts, mais toutes ou presque toutes ont échappé aux dépenses et à l'humiliation de la faillite, de la mise sous séquestre et de la saisie.

Avant que ces questions ne soient entièrement réglées, nous avions une grande expérience dans le traitement des malades commerciaux. Ma seule excuse pour m'attarder sur le sujet à ce jour est de signaler à certains hommes d'affaires qui se découragent que l'on peut faire beaucoup par une attention attentive et patiente, même lorsque l'entreprise est apparemment en eau très profonde. Il faut deux choses : un peu de capital supplémentaire, apporté par soi-même ou obtenu d'autrui, et une stricte adhésion aux saines lois naturelles des affaires.

LES MINES DE MINERAIS

Parmi ces investissements, il y avait des actions dans un certain nombre de mines de minerai et une participation dans les actions et obligations d'un chemin de fer en cours de construction pour transporter le minerai des mines aux ports des lacs. Nous avions une grande confiance dans ces mines, mais pour les exploiter, le chemin de fer était nécessaire. Il avait été commencé, mais lors de la panique de 1893, il a failli être ruiné, ainsi que tous les autres développements. Bien que nous soyons des détenteurs minoritaires d'actions, il semblait que c'était à nous de maintenir l'entreprise en vie pendant les jours de panique. J'ai dû prêter mes titres personnels pour obtenir de l'argent, et finalement nous avons été obligés de fournir une grande quantité d'argent liquide, et pour l'obtenir nous avons été obligés d'aller sur le marché monétaire alors très perturbé et d'acheter des devises à un prix élevé pour les expédier vers l'ouest par express afin de payer les ouvriers du chemin de fer et de les maintenir en vie. Lorsque la peur de la période de panique s'est calmée et que les choses se sont un peu stabilisées, nous avons commencé à réaliser notre situation. Nous avions investi plusieurs millions, et personne ne voulait nous accompagner pour acheter des actions. Au contraire, tout le monde semblait vouloir vendre. Les actions nous ont été offertes en quantités alarmantes - la quasi-totalité du capital-actions des sociétés a été offerte sans aucune sollicitation de notre part - bien au contraire - et nous les avons payées en espèces.

Nous nous trouvions maintenant à la tête d'une grande quantité de terrains miniers, dont le minerai pouvait être extrait à l'aide d'une pelle à vapeur pour quelques cents la tonne, mais nous étions toujours confrontés à une méthode très imparfaite et inadéquate de transport du minerai vers le marché.

Lorsque nous nous sommes rendu compte que les événements se dessinaient de telle sorte que, pour protéger nos investissements, nous serions obligés de nous lancer dans la vente à grande échelle, nous avons estimé que nous ne devions pas nous arrêter de faire le travail aussi efficacement que possible ; et ayant déjà investi tant d'argent, nous avons acheté toutes les terres à minerai que nous pensions bonnes et qui nous étaient offertes. Le chemin de fer et les navires n'étaient qu'un moyen d'arriver à nos fins. Les terrains miniers étaient le point central de toute l'affaire, et nous croyions que nous ne pourrions jamais avoir trop de bonnes mines.

J'ai été surpris de constater que les grands fabricants de fer et d'acier n'accordaient pas une valeur qui semblait adéquate à ces mines. Les terres qui contenaient un bon nombre de nos meilleures mines de minerai auraient pu être achetées à très bon marché avant que nous nous y intéressions. Après nous être lancés dans l'aventure, nous avons décidé de fournir du minerai à tous ceux qui en avaient besoin, en l'extrayant et en le transportant à l'aide des installations les plus récentes et les plus efficaces, et nous avons investi nos bénéfices dans d'autres terrains miniers.

M. Gates est devenu le président des différentes sociétés qui possédaient les mines et le chemin de fer vers le lac pour transporter les minerais, et il a commencé à apprendre et à développer l'activité d'extraction et de transport des minerais. Non seulement il s'est avéré être un érudit apte, mais il a vraiment maîtrisé les diverses complexités de l'entreprise. Il a fait tout le travail, et ne m'a consulté que lorsqu'il le souhaitait ; pourtant, je me souviens de plusieurs expériences intéressantes liées à la résolution de ces problèmes.

CONSTRUCTION DES NAVIRES

Une fois ce problème de chemin de fer résolu, il était évident que nous avions besoin de nos propres navires pour transporter le minerai sur les lacs. Nous ne savions absolument rien de la construction de navires pour le transport du minerai, et donc, suivant notre habitude, nous nous sommes adressés à l'homme qui, à notre avis, avait la plus grande connaissance du sujet. Nous le connaissions déjà bien, mais il s'occupait du transport du minerai sur une grande échelle pour son propre compte et, bien sûr, dès que nous avons commencé à expédier du minerai, nous avons compris que nous allions devenir des concurrents. M. Gates est entré en contact avec cet expert et est venu avec lui un soir chez moi à New York juste avant le dîner. Il a dit qu'il ne pouvait rester que quelques minutes, mais je lui ai dit que je pensais que nous pourrions régler nos affaires en dix minutes et c'est ce que nous avons fait. C'est la seule fois, je m'en souviens, où j'ai vu personnellement quelqu'un s'occuper des affaires de la société minière. Toutes les conférences, comme je l'ai déjà dit, ont été menées par M. Gates, qui semblait aimer le travail, et il a eu de nombreux privilèges dans ce sens.

Nous avons expliqué à ce monsieur que nous nous proposions de transporter nous-mêmes notre minerai à partir de ces terres du lac Supérieur et que nous aimerions qu'il se charge de la construction de plusieurs navires, du type le plus grand et le plus approuvé, car nos chances de succès reposaient sur des bateaux qui pouvaient être exploités avec la plus grande efficacité. À cette époque, les plus gros navires transportaient environ cinq mille tonnes, mais en 1900, lorsque nous avons vendu, nous avions des navires qui transportaient sept mille ou huit mille tonnes, et maintenant il y en a qui transportent jusqu'à dix mille tonnes et plus.

Cet expert a naturellement répondu qu'étant lui-même dans le commerce des minerais, il n'avait aucun désir de nous encourager à nous y lancer. Nous lui avons expliqué que, comme nous avions fait cet important investissement, il nous semblait nécessaire, pour la protection de nos intérêts, de contrôler nos propres transporteurs lacustres, et que nous avions donc décidé d'extraire, d'expédier et de commercialiser le minerai ; que nous étions venus le voir parce qu'il pouvait planifier et superviser la construction des meilleurs navires pour nous, et que nous voulions traiter avec lui pour cette raison ; que, bien qu'il représente l'une des plus grandes entreprises parmi nos concurrents, nous savions qu'il était honnête et franc ; et que nous étions très désireux de traiter avec lui.

L'EMPLOI D'UN CONCURRENT

Il hésitait encore, mais nous avons essayé de le convaincre que nous ne devions pas être dissuadés de nous lancer dans le commerce, et que nous étions prêts à lui verser une commission satisfaisante pour s'occuper de la construction des navires. Nous lui avons expliqué que quelqu'un allait faire le travail pour nous et qu'il pouvait aussi bien en tirer profit que le prochain. Cet argument a fini par l'impressionner et nous avons alors conclu un accord, dont les détails ont été réglés par la suite à notre satisfaction mutuelle. Ce monsieur était M. Samuel Mather de Cleveland. Il n'a passé que quelques minutes dans la maison, pendant lesquelles nous lui avons donné la commande d'environ 3 000 000 $ de navires et c'est la seule fois que je l'ai vu. Mais M. Mather est un homme d'honneur dans les affaires, nous lui avons fait confiance implicitement bien qu'il soit un concurrent, et nous n'avons jamais eu l'occasion de le regretter.

À cette époque, il y avait neuf ou dix entreprises de construction navale situées à divers endroits sur les Grands Lacs. Toutes étaient indépendantes les unes des autres et la concurrence était rude entre elles. Les temps étaient assez durs pour elles ; leurs affaires ne s'étaient pas encore remises de la panique de 1893, elles n'étaient pas en mesure de maintenir leurs usines en pleine activité ; c'était l'automne et beaucoup de leurs employés devaient affronter un hiver difficile. Nous en avons tenu compte lorsque nous avons réfléchi au nombre de navires que nous devions construire, et nous avons décidé de construire tous les navires qui pouvaient l'être et de donner du travail aux hommes désœuvrés des Grands Lacs. En conséquence, nous avons chargé M. Mather d'écrire à chaque entreprise de construction navale et de vérifier combien de navires elle pouvait construire et mettre en service à l'ouverture de la navigation au printemps suivant. Il a constaté que certaines entreprises pouvaient en construire un, d'autres deux, et que le nombre total serait de douze. En conséquence, nous lui avons demandé de faire construire douze navires, tous en acier, tous de la plus grande capacité alors considérée comme praticable sur les Grands Lacs. Certains d'entre eux devaient être des navires à vapeur et d'autres des consorts, pour le remorquage, mais tous devaient être construits essentiellement sur le même modèle général, qui devait représenter les meilleurs idéaux alors en vigueur pour les navires-transporteurs de minerai.

En donnant une telle commande, il s'exposait, bien sûr, au risque de payer des prix très élevés. Cela aurait été certain si M. Mather avait annoncé à l'avance qu'il était prêt à construire douze navires et à demander des offres pour ceux-ci. Je n'ai appris que longtemps après comment il s'y était pris, et bien que ce soit maintenant une vieille histoire des lacs, je la répète, car elle peut être nouvelle pour beaucoup. M. Mather a gardé le secret du nombre de navires qu'il souhaitait construire absolument pour lui. Il envoya ses plans et ses spécifications, chacun d'entre eux étant essentiellement une copie des autres, à chacune des entreprises, et demanda à chacune d'entre elles de faire une offre pour un ou deux navires, selon le cas. Toutes supposaient naturellement qu'au maximum deux navires devaient être construits, et chacune était extrêmement désireuse d'obtenir le travail, ou au moins l'un des deux navires.

La veille de l'adjudication des contrats, tous les soumissionnaires se sont rendus à Cleveland à l'invitation de M. Mather. Un par un, ils ont été conduits dans son bureau privé pour une conférence spéciale couvrant tous les détails préparatoires à l'offre finale. À l'heure dite, les offres sont arrivées. L'intérêt de tous ces messieurs était grand pour savoir qui serait l'heureux élu qui tirerait le prix. Les manières de M. Mather avaient convaincu chacun d'entre eux que, d'une manière ou d'une autre, il devait être l'enchérisseur favori, et pourtant, lorsqu'il rencontra ses concurrents dans le hall de l'hôtel, les rayons de satisfaction qui émanaient clairement de leurs visages l'obligèrent à faire un examen de conscience.

Enfin, l'heure cruciale arriva, et à peu près au même moment, chaque gentleman reçut un petit mot de M. Mather, lui annonçant qu'il avait obtenu un contrat suffisant pour approvisionner ses usines au maximum de leur capacité. Ils se précipitèrent tous d'un même élan vers le hall de l'hôtel où ils avaient l'habitude de se rencontrer, chacun d'eux voulant montrer sa note et compatir avec ses rivaux malheureux, pour découvrir que chacun avait un contrat pour tout ce qu'il pouvait faire, et que chacun avait en fait enchéri contre personne d'autre que lui-même. L'hilarité fut si grande qu'elle couvrit leur chagrin lorsqu'ils se rencontrèrent, comparèrent leurs notes et se regardèrent en face. Cependant, tous étaient heureux et satisfaits. Mais on peut dire en passant que ces aimables messieurs se sont tous réunis par la suite en une seule compagnie, qui a eu une carrière très satisfaisante, et que nous avons payé un prix plus uniforme pour nos achats ultérieurs de navires après que la combinaison ait été faite.

UN LANDSMAN POUR GESTIONNAIRE DE NAVIRE

Avec ces navires commandés, nous étions pratiquement au début de l'entreprise de minerai. Mais nous avons réalisé que nous devions prendre des dispositions pour exploiter les navires, et nous nous sommes de nouveau tournés vers notre concurrent, M. Mather, dans l'espoir qu'il ajouterait cela à ses soins. Malheureusement, en raison de ses obligations envers d'autres personnes, il a estimé que c'était irréalisable. Peu de temps après, j'ai posé la question à M. Gates :

"Comment allons-nous trouver quelqu'un pour diriger ces gros navires que nous avons commandés ? Connaissez-vous une entreprise expérimentée ? "

"Non, dit M. Gates, je ne connais aucune entreprise à proposer pour le moment, mais pourquoi ne pas les gérer nous-mêmes ? "

"Vous ne connaissez rien aux navires, n'est-ce pas ? "

"Non", a-t-il admis, "mais j'ai à l'esprit un homme qui, je crois, pourrait le faire, même si, lorsque je vous parlerai de lui, je crains que vous ne pensiez que ses qualifications ne sont pas les meilleures. Cependant, il a l'essentiel. Il vit dans l'État et n'a jamais été sur un navire de sa vie. Il ne reconnaîtrait probablement pas la proue de la poupe ni une ancre de mer d'un parapluie, mais il a du bon sens, il est honnête, entreprenant, vif et économe. Il a l'art de maîtriser rapidement un sujet, même s'il est nouveau pour lui et difficile. Il nous reste encore quelques mois avant que les navires ne soient terminés, et si nous le mettons au travail maintenant, il sera prêt à faire fonctionner les navires dès qu'ils seront prêts à fonctionner."

"Très bien", ai-je dit, "donnons-lui le poste", et nous l'avons fait.

Cet homme était M. L.M. Bowers ; il venait du comté de Broome, dans l'État de New York. M. Bowers se rendit d'un point à l'autre des lacs où les bateaux étaient construits, et les étudia minutieusement. Il a rapidement pu faire de précieuses suggestions sur leur construction, qui ont été approuvées et adoptées par les concepteurs. Lorsque les navires étaient terminés, il s'en occupait dès qu'ils flottaient, et il les dirigeait, ainsi que les dizaines d'autres qui suivaient, avec une habileté et une capacité qui [130] forçaient l'admiration de tous les marins des lacs. Il a même inventé une ancre qu'il a utilisée avec notre flotte, et plus tard elle a été adoptée par d'autres navires, et j'ai entendu dire qu'elle est utilisée dans la marine des États-Unis. Il est resté à son poste jusqu'à ce que nous vendions. Nous avons donné à M. Bowers toutes sortes de tâches difficiles depuis que nous nous sommes retirés du trafic du lac et nous l'avons toujours trouvé avec succès. Récemment, la santé d'un membre de sa famille a rendu souhaitable qu'il vive au Colorado, et il est maintenant le vigoureux et efficace vice-président de la Colorado Fuel and Iron Company.

Les grands navires et le chemin de fer nous ont mis en possession des installations les plus favorables. Dès le début, l'organisation a été couronnée de succès. Nous avons développé un énorme commerce, en extrayant et en transportant du minerai vers Cleveland et d'autres ports du lac. Nous avons continué à construire et à développer jusqu'à ce que finalement la flotte s'agrandisse jusqu'à comprendre cinquante-six grands navires en acier. Cette entreprise, comme beaucoup d'autres entreprises commerciales importantes auxquelles je me suis intéressé, a exigé très peu de mon attention personnelle, grâce à ma chance d'avoir des représentants actifs, compétents et tout à fait fiables qui ont assumé en grande partie les responsabilités de l'administration. Je suis heureux d'affirmer que la confiance que j'ai librement accordée aux hommes d'affaires avec lesquels j'ai été associé a été pleinement justifiée.

VENDRE À L'ENTREPRISE SIDÉRURGIQUE

Le travail s'est poursuivi de manière ininterrompue et prospère jusqu'à la formation de la United States Steel Corporation. Un représentant de cette société est venu nous voir pour vendre les terres, le minerai et la flotte de navires.

Les affaires allaient bon train et nous n'avions aucun besoin pressant de vendre, mais comme l'organisateur de la nouvelle société estimait que nos mines, nos chemins de fer et nos navires étaient une partie nécessaire du projet, nous lui avons dit que nous serions heureux de faciliter l'achèvement de cette grande entreprise. Ils avaient, je crois, déjà conclu un accord avec M. Carnegie pour ses diverses propriétés. Après quelques négociations, ils ont fait une offre que nous avons acceptée, selon laquelle toute l'usine - mines, navires, chemins de fer, etc. - devait faire partie de la United States Steel Corporation. Le prix payé était, à notre avis, très modéré compte tenu de la valeur actuelle et future de la propriété.

Cette transaction est juste pour montrer un grand profit à la Steel Company pendant de nombreuses années, et comme notre paiement était largement dans les sécurités de la société, nous avons eu l'occasion de participer à cette prospérité. Ainsi, après une période d'environ sept ans, j'ai cessé toute association avec l'extraction, le transport et la vente de minerai de fer.

SUIVRE LES LOIS DU COMMERCE

En repassant en revue les événements liés à cette expérience de minerai qui s'est développée à partir d'investissements qui semblaient à l'époque, pour le moins, peu prometteurs, je suis à nouveau impressionné par l'importance d'un principe auquel j'ai souvent fait référence. Si je peux rendre ce point clair pour le jeune homme qui a eu la patience de suivre ces Souvenirs jusqu'ici, ce sera une satisfaction pour moi et j'espère que ce sera un avantage pour lui.

L'élément sous-jacent et essentiel du succès dans les affaires est de suivre les lois établies des transactions de haut niveau. Restez sur des lignes larges et sûres, et étudiez-les pour être certain qu'elles sont correctes. Observez les opérations naturelles du commerce et restez-y. Ne pensez même pas à des avantages temporaires ou brusques. Ne gaspillez pas vos efforts pour une chose qui se termine par un triomphe mesquin, à moins que vous ne soyez satisfait d'une vie de succès mesquins. Assurez-vous qu'avant de vous lancer dans une entreprise, vous voyez clairement la voie à suivre pour la mener à bien. Regardez devant vous. Il est surprenant de voir combien de brillants hommes d'affaires se lancent dans des entreprises importantes sans avoir étudié, ou presque, les conditions de contrôle sur lesquelles ils risquent tout.

Étudiez diligemment vos besoins en capitaux et fortifiez-vous pleinement pour couvrir d'éventuels contretemps, car vous pouvez absolument compter sur des contretemps. Assurez-vous que vous ne vous trompez à aucun moment sur les conditions réelles. L'homme qui commence simplement avec l'idée de s'enrichir ne réussira pas ; vous devez avoir une plus grande ambition. Il n'y a pas de mystère dans la réussite en affaires. Les grands chefs d'entreprise ont répété à maintes reprises qu'il n'y a pas de succès permanent sans un traitement équitable qui entraîne une confiance généralisée dans l'homme lui-même, et c'est là le véritable capital que nous apprécions tous et pour lequel nous travaillons. Si vous accomplissez chaque tâche quotidienne avec succès, si vous restez fidèlement dans le cadre de ces opérations naturelles des lois commerciales dont je parle tant, et si vous gardez la tête claire, vous vous en sortirez bien, et vous me pardonnerez peut-être alors de vous faire la morale de cette manière démodée. Il est à peine nécessaire d'avertir un jeune homme qui lit un livre aussi sobre que celui-ci de ne pas perdre la tête à cause d'un petit succès, ni de s'impatienter ou de se décourager à cause d'un petit échec.

LES EXPÉRIENCES DE PANIQUE

J'avais souhaité me retirer des affaires au début des années 90. Ayant commencé à travailler si jeune, j'estimais qu'à cinquante ans, il me revenait de ne plus être absorbé par les affaires et de me consacrer à d'autres intérêts que l'argent, qui avait occupé une partie de mon temps depuis le début de ma carrière. Mais 1891-92 furent des années de mauvais augure. En 1893, la tempête a éclaté, et j'ai dû m'occuper de nombreux investissements, comme je l'ai déjà raconté. Cette année et la suivante ont été une période éprouvante et de grande anxiété pour tout le monde. Personne ne pouvait se retirer du travail à un tel moment. Au sein de la Standard, nous avons continué à progresser malgré toutes ces années de panique, car nous disposions d'importantes réserves de liquidités en raison de nos méthodes de financement très conservatrices. En 1894 ou 1895, j'ai pu réaliser mon projet de ne plus être associé à la gestion des affaires de la compagnie. À partir de ce moment, comme je l'ai dit, j'ai eu peu ou pas de rôle dans la conduite des affaires.

Depuis 1857, je me souviens de toutes les grandes paniques, mais je crois que celle de 1907 a été la plus éprouvante. Personne n'y a échappé, grand ou petit. D'importantes institutions ont dû être soutenues et portées à travers cette période de méfiance et de peur irraisonnée. Je me joins aux autres hommes d'affaires pour rendre hommage à l'aide réelle et efficace de M. Morgan. Sa personnalité dominante a servi une fin des plus précieuses. Il a agi rapidement et résolument quand la rapidité et la décision étaient les choses les plus nécessaires pour regagner la confiance, et il a été efficacement secondé par de nombreux financiers compétents et importants du pays qui ont coopéré courageusement et efficacement pour restaurer la confiance et la prospérité. On m'a demandé si je pensais que nous allions nous relever rapidement de la panique d'octobre 1907. J'hésite à m'exprimer sur ce sujet, car je ne suis pas un prophète ni le fils d'un prophète ; mais quant au résultat final, il n'y a, bien sûr, aucun doute. Ce recul temporaire conduira à des institutions plus sûres et à une gestion plus conservatrice de la part de chacun, et c'est une qualité dont nous avons besoin. Il ne déprimera pas longtemps notre merveilleux esprit d'initiative. Les ressources du pays n'ont pas été réduites ni blessées par la méfiance financière. Une reprise graduelle ne fera que rendre l'avenir plus sûr, et la patience est une vertu dans les affaires comme dans les autres choses.

Ici encore, je me risquerais à adresser un mot d'avertissement aux hommes d'affaires. Qu'ils étudient franchement leurs propres affaires et qu'ils regardent la vérité en face. Si leurs méthodes sont extravagantes, qu'ils se rendent compte des faits et agissent en conséquence. On ne peut pas aller avec succès contre les tendances naturelles, et c'est de la folie de ne pas les reconnaître. Il n'est pas facile pour un peuple aussi impressionnable et imaginatif que nous, les Américains, de se rendre à l'évidence, et pourtant nous le faisons sans perdre notre estime de soi ni notre prestige dans le monde entier.

CHAPITRE VI : L'ART DIFFICILE DE DONNER

Il est, sans doute, facile d'écrire des platitudes et des généralités sur les joies du don, sur le devoir que l'on a envers ses semblables, et de rassembler à nouveau toutes les phrases familières qui ont servi depuis des générations chaque fois que le sujet a été abordé.

Je ne peux guère espérer réussir à susciter un nouvel intérêt pour ce grand sujet, alors que des écrivains talentueux ont si souvent échoué. Pourtant, j'avoue que j'y trouve beaucoup plus d'intérêt en ce moment qu'en divaguant, comme je l'ai fait, sur les affaires et le commerce. Il est cependant très difficile de s'attarder sur un aspect très pratique et commercial des bienfaits en général, sans avoir l'air d'ignorer, ou du moins de ne pas apprécier à sa juste valeur, l'esprit de don qui prend sa source dans le cœur et qui, bien sûr, fait que tout cela en vaut la peine.

Dans ce pays, nous sommes arrivés à une période où nous pouvons nous permettre de demander aux hommes les plus compétents de consacrer davantage de leur temps, de leur réflexion et de leur argent au bien-être public. Je ne suis pas assez présomptueux pour tenter de définir exactement en quoi devrait consister ce travail d'amélioration. Chaque homme le fera pour lui-même, et sa propre conclusion sera définitive pour lui-même. Il est bon, je pense, qu'aucun plan étroit ou préconçu ne soit présenté comme le meilleur.

Je suis sûr que c'est une erreur de supposer que la possession d'argent en grande abondance apporte nécessairement le bonheur. Les très riches sont comme nous tous, et s'ils tirent du plaisir de la possession d'argent, c'est parce qu'ils sont capables de faire des choses qui donnent satisfaction à quelqu'un d'autre qu'eux-mêmes.

LES LIMITES DES RICHES

Le simple fait de dépenser de l'argent pour acheter des choses, comme me le disent ceux qui font profession de savoir, perd vite de son intérêt. La nouveauté de pouvoir acheter tout ce que l'on veut passe vite, car ce que les gens recherchent le plus ne peut être acheté avec de l'argent. Ces hommes riches dont nous parlons dans les journaux ne peuvent obtenir de rendement personnel au-delà d'une limite bien définie pour leurs dépenses. Ils ne peuvent pas satisfaire les plaisirs du palais au-delà de limites très modérées, puisqu'ils ne peuvent pas acheter une bonne digestion ; ils ne peuvent pas prodiguer beaucoup d'argent en beaux vêtements pour eux-mêmes ou pour leurs familles sans souffrir du ridicule public ; et dans leurs maisons, ils ne peuvent pas aller beaucoup plus loin que les conforts des moins riches sans les impliquer dans plus de douleur que de plaisir. En étudiant les hommes riches, je ne vois qu'un seul moyen pour eux d'obtenir un équivalent réel de l'argent dépensé, et c'est de cultiver le goût de donner là où l'argent peut produire un effet qui sera une gratification durable.

Un homme d'affaires peut souvent considérer à juste titre qu'il contribue à l'édification d'une propriété qui fournit un travail stable à un petit nombre ou à un grand nombre de personnes ; et sa contribution consiste à offrir à ses employés de bonnes conditions de travail, de nouvelles possibilités et une forte incitation au bon travail. Tant qu'il a à l'esprit le bien-être de ses employés et qu'il suit ses convictions, personne ne peut s'empêcher d'honorer un tel homme. Ce serait le point de vue le plus étroit, et je pense le plus mesquin, que de considérer que les bonnes œuvres consistent principalement à donner de l'argent.

LA MEILLEURE PHILANTHROPIE

La meilleure philanthropie, l'aide qui fait le plus de bien et le moins de mal, l'aide qui nourrit la civilisation à sa racine même, qui diffuse le plus largement la santé, la droiture et le bonheur, n'est pas ce qu'on appelle habituellement la charité. C'est, à mon avis, l'investissement de l'effort, du temps ou de l'argent, soigneusement considéré par rapport à la possibilité d'employer des gens à un salaire rémunérateur, pour étendre et développer les ressources disponibles, et pour donner l'occasion de progresser et de travailler sainement là où elle n'existait pas auparavant. Aucun don d'argent n'est comparable à cela dans ses résultats durables et bénéfiques.

Si, comme j'ai l'habitude de le penser, cette affirmation est exacte, combien le champ de la philanthropie est vaste ! On pourrait prétendre que la vocation quotidienne de la vie est une chose et que l'œuvre philanthropique en est une autre. Je n'ai aucune sympathie pour cette idée. L'homme qui prévoit de faire tous ses dons le dimanche est un piètre soutien pour les institutions du pays.

Si l'on fait si souvent référence à l'homme d'affaires occupé, c'est que son aide est des plus nécessaires. Je connais des hommes qui ont suivi ce vaste plan de développement du travail, non pas comme une affaire temporaire, mais comme un principe permanent. Ces hommes se sont lancés dans des entreprises douteuses et les ont menées à bien, souvent au prix de grands risques et en dépit d'un grand scepticisme, non pas pour leur seul profit personnel, mais dans un esprit plus large d'élévation générale.

LE SERVICE DÉSINTÉRESSÉ : LA VOIE DU SUCCÈS

Si je devais donner un conseil à un jeune homme qui débute dans la vie, je lui dirais : si vous aspirez à un succès important et étendu, ne commencez pas votre carrière commerciale, que vous vendiez votre travail ou que vous soyez un producteur indépendant, avec l'idée de tirer du monde, par la force des choses, tout ce que vous pouvez. Dans le choix de votre profession ou de votre emploi commercial, votre première pensée doit être la suivante : où puis-je m'intégrer afin d'être le plus efficace possible dans l'œuvre du monde ? Où puis-je donner un coup de main de la manière la plus efficace pour faire avancer les intérêts généraux ? Entrez dans la vie avec un tel esprit, choisissez votre vocation de cette façon, et vous aurez fait le premier pas sur la voie la plus élevée vers un grand succès. L'enquête montrera que les grandes fortunes qui ont été faites dans ce pays, et il en est probablement de même dans d'autres pays, sont venues à des hommes qui ont rendu de grands et vastes services économiques - des hommes qui, avec une grande foi dans l'avenir de leur pays, ont fait le plus pour le développement de ses ressources. L'homme qui aura le plus de succès sera celui qui rendra le plus grand service au monde. Les entreprises commerciales dont le public a besoin sont rentables. Les entreprises commerciales qui ne sont pas nécessaires échouent, et doivent échouer.

D'autre part, la chose qu'un tel philosophe des affaires veillerait le plus à éviter dans ses investissements en temps, en efforts ou en argent, c'est la duplication inutile des industries existantes. Il considérerait tout l'argent dépensé pour accroître une concurrence inutile comme gaspillé, et pire encore. L'homme qui construit une deuxième usine alors que l'usine existante peut répondre à la demande du public de façon adéquate et à bon marché gaspille la richesse nationale et détruit la prospérité nationale, enlève le pain au travailleur et introduit inutilement la douleur et la misère dans le monde.

Le plus grand obstacle au progrès et au bonheur du peuple américain réside probablement dans la volonté de tant d'hommes d'investir leur temps et leur argent dans la multiplication des industries concurrentielles au lieu d'ouvrir de nouveaux champs et de mettre leur argent dans les secteurs industriels et de développement qui sont nécessaires. Il faut un meilleur type d'esprit pour rechercher et soutenir ou créer la nouveauté que pour suivre les chemins usés du succès accepté ; mais c'est là la grande chance de notre pays qui se développe encore rapidement. La sanction d'une tentative égoïste de faire vivre le monde sans contribuer au progrès ou au bonheur de l'humanité est généralement un échec pour l'individu. Ce qui est dommage, c'est que lorsqu'il tombe, il inflige également des souffrances et des misères à d'autres qui ne sont en rien responsables.

LA GÉNÉROSITÉ DU SERVICE

Les personnes les plus généreuses du monde sont probablement les très pauvres, qui assument le fardeau des autres dans les crises qui frappent si souvent les personnes les plus démunies. La mère de famille d'un immeuble tombe malade et le voisin d'à côté se charge de son fardeau. Le père perd son travail, et les voisins fournissent de la nourriture à ses enfants à partir de leur propre maigre réserve. Combien de fois n'entend-on pas parler de cas où les orphelins sont pris en charge et élevés par le pauvre ami dont le bienfait entraîne de grandes difficultés supplémentaires ! Ce genre de service authentique fait paraître insignifiant le don le plus princier issu de la surabondance. Les Juifs ont eu pendant des siècles un précepte selon lequel un dixième des biens d'un homme doit être consacré aux bonnes œuvres, mais même cette mesure du don n'est qu'un critère approximatif. Donner un dixième de son revenu est presque impossible pour certains, tandis que pour d'autres, cela représente une misérable pitance. Si l'esprit est là, la question de la proportion est vite perdue de vue. C'est seulement l'esprit de don qui compte, et les très pauvres donnent sans aucune conscience de soi. Mais je crains d'avoir à nouveau recours à des généralités.

L'éducation des enfants de mes débuts était peut-être linéaire, mais j'ai toujours été reconnaissant que la coutume était assez générale d'enseigner aux jeunes gens à donner systématiquement l'argent qu'ils avaient eux-mêmes gagné. C'est une bonne chose d'amener les enfants à prendre conscience très tôt de l'importance de leurs obligations envers les autres, mais, je l'avoue, c'est de plus en plus difficile, car ce qui était un luxe à l'époque est devenu un lieu commun aujourd'hui. Ce devrait être un plus grand plaisir et une plus grande satisfaction de donner de l'argent pour une bonne cause que de le gagner, et j'ai toujours nourri l'espoir de pouvoir, au cours de ma vie, aider à établir l'efficacité dans le don, de sorte que la richesse puisse être plus utile aux générations actuelles et futures.

C'est peut-être là que réside la différence entre les dons d'argent et les dons de service. Les pauvres rencontrent rapidement les malheurs qui frappent le cercle familial et le foyer du voisin. Le donateur d'argent, pour que sa contribution soit valable, doit ajouter un service sous forme d'étude, et il doit aider à attaquer et à améliorer les conditions de mensonge. S'il n'est pas aussi pressé par les besoins pressants, il devrait être mieux à même d'aborder le sujet d'un point de vue plus scientifique ; mais l'analyse finale est la même : son argent n'est qu'une faible offrande sans l'étude qui le rendra efficace.

Les grands hôpitaux dirigés par des hommes et des femmes nobles et désintéressés font un travail merveilleux, mais les résultats de la recherche ne sont pas moins importants, car ils révèlent des faits jusqu'alors inconnus sur les maladies et fournissent les remèdes qui permettent de soulager ou même d'éradiquer nombre d'entre elles.

Aider les malades et les personnes en détresse fait toujours appel à la bonté d'âme, mais aider l'enquêteur qui s'efforce avec succès de s'attaquer aux causes de la maladie et de la détresse n'attire pas aussi fortement le donateur d'argent. Le premier fait appel aux sentiments de façon irrésistible, mais le second a la tête sur les épaules. Pourtant, je suis sûr que nous faisons de merveilleux progrès dans ce domaine du don scientifique. Dans le monde entier, la nécessité d'aborder les questions de philanthropie en dépassant les impulsions de l'émotion est évidente, et partout on aide ces hommes et ces femmes héroïques qui se consacrent à des tâches pratiques et essentiellement scientifiques. C'est une bonne chose et une source d'inspiration que de rappeler de temps en temps l'héroïsme, par exemple, des hommes qui ont risqué et sacrifié leur vie pour découvrir les faits concernant la fièvre jaune, sacrifice pour lequel des générations innombrables les béniront ; et ce même esprit a animé les professions de médecine et de chirurgie.

LA RECHERCHE SCIENTIFIQUE

Jusqu'où peut aller cet esprit de sacrifice ? Chaque année, un grand nombre de scientifiques abandonnent tout pour apporter une contribution utile à la somme des connaissances humaines, et j'ai parfois pensé que les bonnes gens qui critiquent légèrement et librement leurs actions ne se rendent guère compte de ce que ces critiques signifient. C'est une chose de se tenir sur le terrain confortable de l'inaction placide et de prononcer des paroles de sagesse cynique, et c'en est une autre de se plonger dans le travail lui-même et de gagner, par une expérience laborieuse, le droit d'exprimer des conclusions fortes.

Pour ma part, je me suis tellement tenu en spectateur placide que je n'ai même pas eu l'audace de suggérer comment des personnes tellement plus expérimentées et sages que moi dans ces domaines devraient élaborer les détails même des plans [149] auxquels j'ai eu l'honneur d'être associé.

Les expériences sur les animaux vivants muets ont fait l'objet de nombreuses critiques, sans doute sincères, et le défenseur de l'animal sans défense a un tel pouvoir d'attraction qu'il est peut-être inutile de faire allusion à l'autre côté de la controverse. Le Dr Simon Flexner, de l'Institut de recherche médicale, a dû faire face à des rapports exagérés et même sensationnels, qui n'ont aucun fondement de vérité. Mais considérez un instant ce qui a été accompli récemment, sous la direction du Dr Flexner, dans la découverte d'un remède contre la méningite cérébro-spinale épidémique. Il est vrai que pour découvrir ce remède, on a sacrifié la vie d'une quinzaine d'animaux, comme je l'ai appris, la plupart étant des singes ; mais pour chacun de ces animaux qui a perdu la vie, des dizaines de vies humaines ont déjà été sauvées. Des hommes au grand cœur comme le Dr Flexner et ses associés ne permettent pas de faire souffrir inutilement des animaux sans défense.

J'ai été profondément intéressé par l'histoire d'une expérience désespérée pour sauver la vie d'un enfant, racontée dans une lettre écrite par l'un de mes associés peu de temps après l'événement décrit ; et cela semble digne d'être répété. Le Dr Alexis Carrel a été [150] associé au Dr Flexner et à ses travaux, et sa merveilleuse habileté a été le résultat de ses expériences et de son vécu.

UNE MERVEILLEUSE OPÉRATION CHIRURGICALE

"Le Dr Alexis Carrel, membre du personnel de l'Institut, a fait des études intéressantes en chirurgie expérimentale et a réussi à transplanter des organes d'un animal à un autre, et des vaisseaux sanguins d'une espèce à une autre. Il a récemment eu l'occasion d'appliquer les compétences ainsi acquises au sauvetage d'une vie humaine dans des circonstances qui ont suscité un grand intérêt dans la fraternité médicale de cette ville. L'un des jeunes chirurgiens les plus connus de New York a eu un enfant né au début du mois de mars dernier, qui a développé une maladie dans laquelle le sang, pour une raison quelconque, s'écoule des vaisseaux sanguins dans les tissus du corps, et d'ordinaire l'enfant meurt de cette hémorragie interne. Lorsque cet enfant avait cinq jours, il était évident qu'il était en train de mourir. Le père et son frère, qui est l'un des hommes les plus distingués de la profession, et un ou deux autres médecins ont été consultés à ce sujet, mais ont considéré que le cas était totalement désespéré.

"Il se trouve que le père avait été impressionné par les travaux du Dr Carrel à l'Institut et avait passé plusieurs jours avec lui pour étudier ses méthodes. Il a acquis la conviction que la seule possibilité de sauver la vie de l'enfant était la transfusion directe de sang. Bien que cela ait été fait entre adultes, les vaisseaux sanguins d'un jeune enfant sont si délicats qu'il semblait impossible que l'opération puisse être menée à bien. Il faut non seulement que les vaisseaux sanguins des deux personnes soient réunis, mais aussi que la paroi intérieure des vaisseaux, qui est un tissu lisse et brillant, soit continue. Si le sang entre en contact avec la couche musculaire des vaisseaux sanguins, il coagule et arrête la circulation.

"Heureusement, le Dr Carrel avait fait des expériences sur les vaisseaux sanguins de très jeunes animaux, et le père était convaincu que si un homme dans le pays pouvait effectuer l'opération avec succès, ce serait lui.

" C'était alors le milieu de la nuit. Mais on fit appel au docteur Carrel, et quand on lui expliqua la situation, et qu'on lui fit comprendre que l'enfant mourrait de toute façon, il consentit volontiers à tenter l'opération, tout en exprimant un très faible espoir de réussite.

"Le père s'est proposé comme la personne dont le sang devait être fourni à l'enfant. Il était impossible de donner des anesthésiques à l'un ou l'autre. Chez un enfant de cet âge, il n'y a qu'une seule veine assez grosse pour être utilisée, et elle se trouve à l'arrière de la jambe, et profondément enfoncée. Un éminent chirurgien qui était présent a exposé cette veine. Il a déclaré par la suite qu'il n'y avait aucun signe de vie dans l'enfant, et a exprimé la conviction que l'enfant était, à toutes fins utiles, mort depuis dix minutes. Compte tenu de son état, il s'est demandé s'il valait la peine de poursuivre la tentative. Le père, cependant, a insisté pour continuer, et le chirurgien a alors exposé l'artère radiale dans le poignet du chirurgien, et a été obligé de la disséquer à environ six pouces, afin de la tirer assez loin pour faire la connexion avec la veine de l'enfant.

Cette partie du travail, le chirurgien qui l'a effectué l'a décrite par la suite comme "la partie forgeron du travail". Il a dit que la veine de l'enfant avait la taille d'une allumette et la consistance d'un papier à cigarette humide, et qu'il semblait tout à fait impossible pour quiconque de réussir à unir ces deux vaisseaux. Le Dr Carrel, cependant, a accompli cet exploit. C'est alors que se produisit ce que les médecins présents ont décrit comme l'un des incidents les plus dramatiques de l'histoire de la chirurgie. Le sang de l'artère du père fut libéré et commença à s'écouler dans le corps de l'enfant, soit environ une pinte. Le premier signe de vie fut une petite teinte rose au sommet d'une des oreilles, puis les lèvres, qui étaient devenues parfaitement bleues, commencèrent à virer au rouge, et soudain, comme si l'enfant avait été sorti d'un bain chaud à la moutarde, une lueur rose éclata sur tout son corps, et il se mit à pleurer abondamment. Au bout de huit minutes environ, les deux êtres ont été séparés. À ce moment-là, l'enfant réclamait de la nourriture. Il a été nourri, et à partir de ce moment-là, il a commencé à manger et à dormir régulièrement, et s'est complètement rétabli.

"Le père a comparu devant un comité législatif à Albany, en opposition à certains projets de loi qui étaient en instance à la dernière session pour restreindre l'expérimentation animale, et a raconté cet incident, et a dit à la fin que lorsqu'il a vu les expériences du Dr Carrel, il n'avait aucune idée qu'elles seraient si bientôt disponibles pour sauver la vie humaine ; il a encore moins imaginé que la vie à sauver serait celle de son propre enfant."

LA CHOSE FONDAMENTALE DANS TOUTE AIDE

Si l'on peut éduquer les gens pour qu'ils s'aident eux-mêmes, on touche à la racine de beaucoup de maux du monde. C'est là l'essentiel, et cela vaut la peine d'être dit, même si cela a été dit si souvent que sa vérité est perdue de vue dans sa constante répétition.

La seule chose qui profite durablement à un homme est ce qu'il fait pour lui-même. L'argent qui lui parvient sans effort de sa part est rarement un avantage et souvent une malédiction. C'est la principale objection à la spéculation - ce n'est pas parce qu'il y a plus de perdants que de gagnants, bien que cela soit vrai - mais c'est parce que ceux qui gagnent sont susceptibles de recevoir plus de préjudice de leur succès qu'ils n'en auraient reçu de leur échec. Il en va de même pour l'argent ou les autres choses qui sont données par une personne à une autre. Ce n'est que dans des cas exceptionnels que le bénéficiaire en tire réellement profit. Mais si nous pouvons aider les gens à s'aider eux-mêmes, alors une bénédiction permanente est conférée.

Les hommes qui étudient le problème de la maladie nous disent qu'il devient de plus en plus évident que les forces qui permettent de vaincre la maladie se trouvent dans le corps lui-même, et que ce n'est que lorsque ces forces sont réduites au-dessous de la normale que la maladie peut prendre pied. Le moyen d'éviter la maladie est donc de tonifier le corps en général ; et, lorsque la maladie s'est installée, le moyen de la combattre est d'aider ces forces de résistance naturelles qui sont déjà dans le corps. De même, les échecs d'un homme dans sa vie sont presque toujours dus à un défaut de sa personnalité, à une faiblesse de corps, d'esprit, de caractère, de volonté ou de température. Le seul moyen de surmonter ces échecs est de construire sa personnalité de l'intérieur, de sorte qu'il puisse, en vertu de ce qui est en lui, surmonter la faiblesse qui a été la cause de l'échec. Seuls les efforts de l'homme lui-même peuvent réellement l'aider.

Nous désirons tous que les bienfaits de la vie soient répartis le plus largement possible. De nombreux plans grossiers ont été suggérés, dont certains ignorent complètement les faits essentiels de la nature humaine et qui, s'ils étaient réalisés, entraîneraient peut-être toute notre civilisation dans une misère sans espoir. Je crois que la principale cause des différences économiques entre les gens est leur différence de personnalité, et que ce n'est qu'en contribuant à une plus grande distribution des qualités qui constituent une forte personnalité que nous pourrons contribuer à une plus grande distribution de la richesse. Dans des conditions normales, l'homme qui est fort de corps, d'esprit, de caractère et de volonté ne doit jamais souffrir du besoin. Mais ces qualités ne peuvent être développées chez un homme que par ses propres efforts, et le plus qu'un autre puisse faire pour lui est, comme je l'ai dit, de l'aider à s'aider lui-même.

Nous devons toujours nous rappeler qu'il n'y a pas assez d'argent pour l'œuvre d'élévation humaine et qu'il n'y en aura jamais. Il est donc d'une importance vitale que les dépenses aillent le plus loin possible et soient utilisées avec la plus grande intelligence !

J'ai été franc de dire que je crois en l'esprit de combinaison et de coopération lorsqu'il est mené correctement et équitablement dans le monde des affaires commerciales, sur le principe qu'il aide à réduire le gaspillage ; et le gaspillage est une dissipation de puissance. J'espère sincèrement et je crois fermement que ce même principe finira par prévaloir dans l'art de donner comme il le fait dans les affaires. Ce n'est pas simplement la tendance de l'époque, développée par des conditions plus exigeantes dans l'industrie, mais cela devrait faire appel de la manière la plus efficace au cœur des personnes qui s'efforcent de faire le plus de bien au plus grand nombre.

QUELQUES PRINCIPES SOUS-JACENTS

Au risque de rendre ce chapitre très ennuyeux, et l'on me dit que c'est un défaut que les auteurs inexpérimentés devraient éviter à tout prix, on me pardonnera peut-être d'énoncer ici quelques-uns des principes fondamentaux qui ont été à la base de tous mes propres plans. Depuis de nombreuses années, je n'ai entrepris aucun travail d'importance qui, d'une manière générale, n'ait suivi ces grandes lignes, et je crois qu'aucun effort vraiment constructif ne peut être fait dans le domaine philanthropique sans un but aussi bien défini et consécutif.

Ma propre conversion au sentiment qu'un plan organisé était une nécessité absolue s'est faite de cette manière.

Vers 1890, j'en étais encore à la méthode désordonnée de donner ici et là, au gré des appels qui se présentaient. J'enquêtais comme je pouvais, et j'étais presque à bout de nerfs en tâtonnant, sans guide ou carte suffisante, dans ce domaine toujours plus vaste de l'effort philanthropique. J'ai alors été contraint d'organiser et de planifier ce département de nos tâches quotidiennes sur des lignes de progrès aussi distinctes que celles de nos affaires commerciales ; et je vais essayer de décrire les principes fondamentaux auxquels nous sommes arrivés, que nous avons suivis depuis, et que nous espérons encore étendre considérablement.

Il n'est peut-être pas de bon ton de parler d'un sujet aussi personnel - je n'y suis pas insensible - mais je peux faire ces observations avec au moins un peu plus de grâce, car une grande partie du travail et de la réflexion difficiles sont réalisés par ma famille et mes associés, qui y consacrent leur vie.

Tout homme de bonne volonté a une philosophie de vie, qu'il le sache ou non. Cachés dans son esprit, il y a certains principes directeurs, qu'il les formule en mots ou non, qui régissent sa vie. Son idéal devrait certainement être de contribuer au progrès de l'humanité dans toute la mesure de ses moyens, aussi modestes soient-ils, qu'il s'agisse d'argent ou de services.

Certes, l'idéal de chacun devrait être d'utiliser ses moyens, tant dans ses investissements que dans ses bienfaits, pour le progrès de la civilisation. Mais la question de savoir ce qu'est la civilisation et quelles sont les grandes lois qui régissent son progrès a été sérieusement étudiée. Nos investissements, et non moins que nos dons, ont été orientés vers les fins que nous avons jugées susceptibles de produire ces résultats. Si vous deviez entrer dans notre bureau et demander à notre comité de bienfaisance ou à notre comité d'investissement en quoi consiste la civilisation, ils vous répondraient qu'ils ont trouvé dans leur étude que l'analyse la plus commode des éléments qui composent la civilisation est à peu près la suivante :

1. Le progrès des moyens de subsistance, c'est-à-dire le progrès dans l'abondance et la variété de l'alimentation, l'habillement, le logement, l'hygiène, la santé publique, le

commerce, la fabrication, l'accroissement de la richesse publique, etc.

2. Progrès dans le gouvernement et dans la loi, c'est-à-dire dans la promulgation de lois assurant à chaque homme la justice et l'équité, compatibles avec la plus grande liberté individuelle, et l'application régulière et ordonnée de ces lois à tous.

3ème. Progrès en littérature et en langue.

4ème. Progrès de la science et de la philosophie.

5ème. Progrès dans l'art et le raffinement.

6ème. Progrès de la morale et de la religion.

Si vous leur demandiez, comme on le leur demande très souvent, lequel de ces éléments ils considèrent comme fondamental, ils répondraient qu'ils n'essaieraient pas de répondre, que la question est purement théorique, que tous ces éléments vont de pair, mais qu'historiquement le premier d'entre eux - à savoir le progrès des moyens de subsistance - a généralement précédé le progrès du gouvernement, de la littérature, des connaissances, du raffinement et de la religion. Bien qu'il ne soit pas lui-même de la plus haute importance, c'est le fondement sur lequel toute la superstructure de la civilisation est construite, et sans lequel elle ne pourrait pas exister.

En conséquence, nous avons cherché, dans la mesure de nos moyens, à faire des investissements de manière à multiplier, à réduire et à diffuser aussi universellement que possible le confort de la vie. Nous ne revendiquons aucun mérite pour avoir préféré ces lignes d'investissement. Nous ne faisons pas de sacrifices. Ce sont les lignes de rendement les plus importantes et les plus sûres. Dans ce domaine, à savoir le bon marché, la facilité d'acquisition et l'universalité des moyens de subsistance, notre pays surpasse facilement tous les autres pays du monde, bien que nous soyons en retard sur d'autres pays, peut-être, dans la plupart des autres domaines.

On peut se demander comment il est compatible avec la diffusion universelle de ces bienfaits que de vastes sommes d'argent soient entre les mains d'un seul individu. La réponse est, à mon avis, que, si les hommes riches contrôlent de grandes sommes d'argent, ils ne les utilisent pas et ne peuvent pas les utiliser pour eux-mêmes. Ils ont, en effet, le titre légal de grandes propriétés, et ils contrôlent l'investissement de celles-ci, mais c'est aussi loin que leur propre relation avec elles s'étend ou peut s'étendre. L'argent est universellement diffusé, en ce sens qu'il est maintenu investi, et qu'il passe dans la pochette de paie semaine après semaine.

Jusqu'à présent, aucun plan ne s'est encore présenté qui semble offrir une meilleure méthode de gestion du capital que celle de la propriété individuelle. Nous pourrions mettre notre argent dans le Trésor de la Nation et des divers États, mais nous ne trouvons aucune promesse dans les législatures de la Nation ou des États, compte tenu des expériences du passé, que les fonds seraient dépensés pour le bien général plus efficacement qu'avec les méthodes actuelles, et nous ne trouvons dans aucun des plans du socialisme une promesse que la richesse serait administrée plus sagement pour le bien général. Il est du devoir des hommes de moyens de conserver le titre de leur propriété et d'administrer leurs fonds jusqu'à ce qu'un homme, ou un groupe d'hommes, se lève et soit capable d'administrer pour le bien général le capital du pays mieux qu'eux.

Les quatre autres éléments de progrès mentionnés dans l'énumération ci-dessus, à savoir le progrès dans le gouvernement et le droit, dans la langue et la littérature, dans la science et la philosophie, dans l'art et le raffinement, nous avons pensé, pour notre part, que l'enseignement supérieur était le meilleur moyen de les promouvoir, et c'est pourquoi nous avons eu la grande satisfaction de consacrer toutes les sommes que nous avons pu à diverses formes d'enseignement dans nos pays et à l'étranger - et l'enseignement ne consiste pas seulement à diffuser plus généralement ce qui est connu, mais tout autant, et peut-être même plus, à promouvoir la recherche originale. Une institution individuelle d'enseignement ne peut avoir qu'une sphère étroite. Elle ne peut atteindre qu'un nombre limité de personnes. Mais chaque fait nouveau découvert, chaque élargissement des frontières de la connaissance humaine par la recherche, devient universellement connu de toutes les institutions d'enseignement, et devient immédiatement un bienfait pour toute la race.

Les nouvelles orientations prises par notre comité ont été tout aussi intéressantes que n'importe quelle phase du travail. Nous ne nous sommes pas contentés de donner aux causes qui nous ont séduits. Nous avons estimé que le simple fait que telle ou telle cause fasse appel à nous n'est pas une raison pour que nous lui donnions plus qu'à un millier d'autres causes, peut-être plus méritoires, qui ne sont pas passées sous nos yeux. Le simple fait d'un appel personnel ne crée aucune revendication qui n'existait pas auparavant ni aucune préférence par rapport à d'autres causes plus méritantes qui n'ont peut-être pas fait appel à nous. Aussi, notre petit comité ne s'est pas contenté de laisser les bienfaits dériver dans les canaux de la simple commodité -

donner aux institutions qui ont demandé de l'aide et négliger les autres. Ce département a étudié le domaine du progrès humain et a cherché à contribuer à chacun des éléments qui, selon nous, tendent le plus à le promouvoir. Là où il n'a pas trouvé d'organisations prêtes à l'accueillir dans ce but, les membres du comité ont cherché à les créer. Nous travaillons encore sur des sujets nouveaux et, je l'espère, en expansion, qui exigent beaucoup de l'intelligence et de l'étude de chacun.

Ce que l'on appelle le travail d'amélioration, qui a toujours été pour moi une source de grand intérêt, a eu une grande influence sur ma vie, et j'y fais référence ici parce que je souhaite insister à ce sujet sur la grande importance pour un père de rester en contact étroit avec ses enfants, en prenant dans sa confiance les filles aussi bien que les garçons, qui de cette façon apprennent en voyant et en faisant, et ont leur part dans les responsabilités familiales. Comme mon père me l'a enseigné, j'ai essayé de l'enseigner à mes enfants. Pendant des années, nous avons eu l'habitude de lire à table les lettres que nous recevions et qui concernaient les différents dons dont nous avions à nous occuper, d'étudier les demandes faites à des fins louables et de suivre l'histoire et les rapports des institutions et des affaires philanthropiques auxquelles nous nous intéressions.

CHAPITRE VII : LA CONFIANCE BIENVEILLANTE : LA VALEUR DU PRINCIPE DE COOPÉRATION EN MATIÈRE DE DONS

En allant un peu plus loin dans le projet de rendre les bienfaits de plus en plus efficaces, que j'ai abordé dans le dernier chapitre sous le titre "L'art difficile de donner", je suis tenté de profiter de l'occasion pour m'attarder un peu sur le sujet de la combinaison dans les œuvres de charité, qui a été une sorte de passe-temps pour moi pendant de nombreuses années.

Si une combinaison pour faire des affaires est efficace pour économiser le gaspillage et obtenir de meilleurs résultats, pourquoi la combinaison n'est-elle pas beaucoup plus importante dans le travail philanthropique ? L'idée générale de la coopération en matière de dons pour l'éducation a, à mon avis, fait un véritable pas en avant lorsque M. Andrew Carnegie a accepté de devenir membre du General Education Board. Car en acceptant un poste dans cette direction, il a, me semble-t-il, marqué de son approbation ce principe vital de coopération dans l'aide aux institutions éducatives de notre pays.

Je me réjouis, comme tout le monde, de l'enthousiasme de M. Carnegie à utiliser sa richesse au profit de ses compagnons moins fortunés et je pense que son dévouement au bien-être de sa terre d'adoption est un exemple frappant pour tous les temps.

Le General Education Board, dont M. Carnegie est maintenant membre, est intéressant comme exemple d'une organisation formée dans le but de résoudre, d'une manière ordonnée et plutôt scientifique, le problème de la stimulation et de l'amélioration de l'éducation dans toutes les régions de notre pays. Bien entendu, personne ne peut dire ce que cette organisation peut accomplir en fin de compte, mais il est certain que, sous la direction de son conseil d'administration actuel, elle ira très loin. Ici encore, je pense pouvoir parler franchement et exprimer ma foi personnelle dans son succès, puisque je ne suis pas membre du conseil, que je n'ai jamais assisté à une réunion et que le travail est entièrement fait par d'autres.

Il existe d'autres plans plus vastes, conçus avec soin et dans les grandes lignes, que j'étudie depuis de nombreuses années, et nous pouvons constater qu'ils prennent une forme définitive. Il est bon de savoir qu'il y a toujours des hommes désintéressés, de la meilleure trempe, pour aider à chaque grande entreprise philanthropique. L'un des éléments les plus satisfaisants et les plus stimulants de la bonne fortune qui me soit parvenu est la preuve que tant de personnes occupées sont prêtes à se détourner de leur travail dans des domaines pressants et à donner le meilleur d'elles-mêmes, sans compensation, à l'œuvre d'élévation humaine. Des médecins, des ecclésiastiques, des avocats, ainsi que de nombreux hommes d'affaires de haut rang, consacrent leurs meilleurs efforts et les plus désintéressés à certains des plans que nous essayons tous d'élaborer.

Prenons, comme exemple parmi tant d'autres, M. Robert C. Ogden qui, pendant des années, tout en se consacrant à une activité professionnelle exigeante, a trouvé le temps, soutenu par un merveilleux enthousiasme, de donner de la force, par sa propre personnalité, aux travaux effectués dans les régions difficiles du monde de l'éducation, en particulier pour améliorer le système des écoles communes du Sud. Ses efforts ont été sagement dirigés vers des lignes fondamentales qui doivent produire des résultats dans les années à venir.

Heureusement, mes enfants ont été aussi sérieux que moi, et beaucoup plus diligents, pour mener à bien, avec soin et intelligence, le travail déjà commencé, et ils sont d'accord avec moi pour dire que l'on devrait consacrer au moins la même énergie et la même réflexion à l'utilisation appropriée et efficace de l'argent une fois acquis qu'on l'a gagné.

Le General Education Board a fait, ou fait actuellement, une étude minutieuse de l'emplacement, des objectifs, du travail, des ressources, de l'administration et de la valeur éducative, actuelle et future, des institutions d'enseignement supérieur aux États-Unis. Le conseil verse ses contributions, qui s'élèvent en moyenne à quelque deux millions de dollars par an, sur la base de l'étude comparative la plus minutieuse des besoins et des possibilités dans tout le pays. Ses archives sont accessibles à tous. De nombreux bienfaiteurs de l'éducation profitent de ces enquêtes désintéressées, et il est à espérer que d'autres le feront.

Un grand nombre de personnes contribuent au soutien des établissements d'enseignement dans notre pays. Aider une école inefficace, mal située, inutile est un gaspillage. Ceux qui ont étudié ce problème avec le plus grand soin me disent qu'il est fort probable que suffisamment d'argent a été gaspillé dans des projets éducatifs peu judicieux pour construire un système national d'enseignement supérieur adapté à nos besoins si l'argent avait été correctement utilisé à cette fin. Beaucoup de bonnes gens qui accordent leur bienveillance à l'éducation pourraient bien réfléchir davantage à l'étude du caractère des entreprises qu'on les implore d'aider, et cette étude devrait tenir compte du genre de personnes qui sont responsables de leur gestion, de leur emplacement et des installations fournies par d'autres institutions des environs. Un examen approfondi de ce genre est généralement impossible pour un individu, et il refuse de donner par manque de connaissances précises, ou bien il peut donner sans considération. Si, toutefois, ce travail d'enquête est effectué, et bien effectué, par le Conseil d'éducation générale, par l'intermédiaire d'agents intelligents, compétents et sympathiques, formés à cette tâche, un service important et nécessaire est rendu. Les murs de l'exclusivité sectaire disparaissent rapidement, comme ils le devraient, et les meilleurs éléments se tiennent côte à côte pour s'attaquer aux grands problèmes de l'élévation générale.

ŒUVRES DE CHARITÉ

IL ME VIENT ICI À L'ESPRIT de témoigner du fait que l'Église catholique romaine, comme je l'ai observé dans mon expérience, a beaucoup progressé dans cette direction. J'ai été surpris d'apprendre à quel point une somme d'argent donnée est passée entre les mains de prêtres et de religieuses, et à quel point ils l'utilisent efficacement. J'apprécie pleinement le service splendide rendu par d'autres travailleurs sur le terrain, mais j'ai vu l'organisation de l'Église romaine obtenir de meilleurs résultats avec une somme d'argent donnée que les autres organisations ecclésiastiques ont l'habitude d'obtenir avec la même dépense. Je ne parle de cela que pour montrer la valeur du principe d'organisation auquel je crois de tout cœur. Il n'est pas nécessaire de s'étendre sur les siècles d'expérience que l'Église de Rome a traversés pour perfectionner une grande puissance d'organisation.

L'étude de ces problèmes a été pour moi une source du plus grand intérêt. Mes assistants, tout à fait distincts de tout conseil, disposent d'une organisation de taille suffisante pour étudier les nombreuses demandes qui nous parviennent. Cela se fait depuis le bureau de notre comité à New York. Il serait impossible pour un individu d'essayer de suivre de près les cas individuels. On me demande souvent d'expliquer ce fait. Lire les centaines de lettres que nous recevons chaque jour à notre bureau dépasserait les capacités d'un seul homme, et si les nombreuses bonnes personnes qui nous écrivent réfléchissaient un peu, elles se rendraient sûrement compte qu'il m'est impossible d'examiner personnellement leurs demandes.

Le plan que nous avons élaboré et, je l'espère, amélioré d'année en année, est le résultat de l'expérience, et je n'en parle maintenant que comme d'une contribution à un sujet général qui est d'un si grand intérêt pour les personnes sérieuses ; et ceci doit être mon excuse pour parler si franchement.

LES APPELS QUI VIENNENT

La lecture, le classement et l'examen des centaines de lettres d'appel qui parviennent quotidiennement à mon bureau sont assurés par un service organisé à cet effet. La tâche n'est pas aussi difficile qu'il n'y paraît à première vue. Les lettres sont, bien sûr, d'une grande variété, provenant de toutes sortes de personnes dans toutes les conditions de vie, et en fait, de toutes les parties du monde. Les quatre cinquièmes de ces lettres sont cependant des demandes d'argent pour un usage personnel, sans autre titre de considération que le fait que l'auteur serait heureux de l'avoir.

Il reste un certain nombre de demandes que tous doivent reconnaître comme dignes d'intérêt. Elles peuvent être divisées, en gros, comme suit :

Les revendications des organisations caritatives locales. La ville dans laquelle on vit a un attrait certain pour tous ses citoyens, et tous les bons voisins souhaitent coopérer avec leurs amis et leurs concitoyens. Mais ces organismes de bienfaisance locaux, hôpitaux, jardins d'enfants et autres ne devraient pas faire appel à des personnes extérieures aux communautés locales qu'ils servent. Le fardeau devrait être porté par les personnes qui sont sur place et qui sont, ou devraient être, les plus familières avec les besoins locaux.

Viennent ensuite les demandes nationales et internationales. Celles-ci intéressent particulièrement les hommes fortunés de tout le pays, dont la richesse leur permet de faire quelque chose de plus que d'aider les organisations caritatives locales. Il existe un grand nombre de grandes organisations philanthropiques et chrétiennes nationales et internationales qui couvrent tout le champ de la charité mondiale ; et, bien que les personnes réputées riches reçoivent toutes des appels à l'aide personnelle de la part de travailleurs individuels dans le monde entier, le donateur prudent et réfléchi choisira de plus en plus ces grandes organisations responsables comme moyen d'acheminer ses dons et de distribuer ses fonds dans des domaines éloignés. Telle a été ma coutume, et l'expérience de chaque jour ne fait que confirmer sa sagesse.

La grande valeur de traiter avec une organisation qui connaît tous les faits et qui peut décider au mieux où l'aide peut être appliquée avec le plus d'avantages, s'est imposée à moi à travers les résultats de longues années d'expérience. Par exemple, on demande à quelqu'un de donner dans un certain domaine du travail missionnaire une somme, dans un but précis - disons un hôpital. Pour répondre à cette demande, il faudra, disons, 10 000 dollars. Il semble sage et naturel de donner cette somme. Le missionnaire qui veut cet argent travaille sous la direction d'une dénomination religieuse forte et compétente.

Supposons que la demande soit transmise au directeur du conseil d'administration de cette dénomination, et qu'il s'avère qu'il y a de nombreuses bonnes raisons pour lesquelles un nouvel hôpital n'est pas vraiment nécessaire à cet endroit, et que par un peu de bonne gestion, le besoin de ce missionnaire peut être satisfait par un autre hôpital dans son voisinage, alors qu'un autre missionnaire dans un autre endroit n'a aucune possibilité d'avoir des installations hospitalières. Il ne fait aucun doute que l'argent doit être dépensé dans le dernier endroit nommé. Les directeurs de toutes les stations missionnaires connaissent ces conditions, bien que celui qui donne l'argent n'en ait peut-être jamais entendu parler, et à mon avis, il est sage de ne pas agir avant d'avoir consulté ces hommes mieux informés.

Il est intéressant de suivre les processus mentaux par lesquels certaines excellentes âmes passent pour obscurcir leur conscience lorsqu'elles considèrent ce qu'est réellement leur devoir. Par exemple, un homme dit : "Je ne crois pas qu'il faille donner de l'argent aux mendiants dans la rue". Je suis d'accord avec lui, je ne crois pas non plus à cette pratique ; mais ce n'est pas une raison pour qu'on soit dispensé de faire quelque chose pour aider la situation représentée par le mendiant des rues. Ce n'est pas parce que l'on ne cède pas aux importunités de ces gens que l'on doit adhérer et soutenir les sociétés de bienfaisance de sa propre localité, qui s'occupent de cette classe avec justice et humanité, en séparant les dignes des indignes.

Un autre dit : "Je ne donne pas à tel ou tel conseil, parce que j'ai lu que la moitié ou moins de l'argent donné parvient effectivement à la personne qui a besoin d'aide". Cette affirmation est souvent fausse, comme cela a été prouvé à maintes reprises, et même si elle était vraie en partie, elle ne dispense pas le donateur éventuel du devoir de contribuer à rendre l'organisation plus efficace. Ce n'est en aucun cas une excuse valable pour fermer son portefeuille et écarter le sujet de son esprit.

LES INSTITUTIONS DANS LEURS RAPPORTS ENTRE ELLES

Il est certainement sage de veiller à ne pas dupliquer les efforts et à ne pas inaugurer de nouvelles organisations caritatives dans des domaines déjà couverts, mais plutôt à renforcer et à perfectionner celles qui sont déjà à l'oeuvre. Il y a beaucoup de rivalité et de doubles emplois, et l'une des choses les plus difficiles dans le domaine des dons est de déterminer quand le champ est entièrement couvert. Beaucoup de gens se contentent de considérer si l'institution à laquelle ils donnent est bien gérée et réfléchie, sans s'arrêter pour découvrir si le champ n'est pas déjà occupé par d'autres ; et pour cette raison, il ne faut pas étudier une seule institution par elle-même, mais toujours dans sa relation avec toutes les institutions similaires du territoire. Voici un exemple concret :

Un certain nombre de personnes enthousiastes avaient le projet de fonder un asile pour orphelins qui serait dirigé par l'une de nos plus fortes confessions religieuses. On commença à réunir les fonds nécessaires, et parmi les personnes invitées à souscrire, il y avait un homme qui avait toujours pris l'habitude d'étudier soigneusement la situation avant de s'engager à verser une contribution. Il demanda à l'un des promoteurs de la nouvelle institution combien de lits offraient les asiles actuels desservant cette communauté, quelle était leur efficacité, où ils étaient situés et quelle catégorie particulière d'institution manquait dans la communauté.

Aucune réponse n'ayant été apportée à ces questions, il a fait rassembler ces informations pour son propre compte dans le but de contribuer à l'efficacité du nouveau plan. Ses études ont révélé que la ville où le nouvel asile devait être construit était si bien pourvue en institutions de ce genre qu'il y avait déjà beaucoup plus de lits pour les enfants qu'il n'y avait de candidats pour les remplir, et que le champ était bien et entièrement couvert. Ces faits ayant été présentés aux organisateurs de l'entreprise, il a été démontré qu'il n'existait aucun besoin réel pour une telle institution. J'aimerais pouvoir ajouter que le projet a été abandonné. Il ne l'a pas été. De telles œuvres de bienfaisance sont rarement abandonnées lorsque les sympathies des personnes méritantes, même mal informées, sont chaleureusement sollicitées.

On peut penser qu'en faisant le travail de cette manière systématique et apparemment froide, on laisse de côté, dans une large mesure, les mérites des cas individuels. Je soutiens que l'organisation du travail en combinaison ne devrait pas étouffer et n'étouffe pas le travail des individus, mais le renforce et le stimule. La combinaison ordonnée de l'effort philanthropique s'accroît chaque jour, et en même temps l'esprit de large philanthropie n'a jamais été aussi général qu'aujourd'hui.

LA REVENDICATION DE L'ENSEIGNEMENT SUPÉRIEUR

Le donateur qui étudie ces problèmes pour lui-même trouvera, sans aucun doute, de nombreux détracteurs. Tant de gens voient les besoins pressants de la vie quotidienne qu'il est possible qu'ils ne se rendent pas compte de ceux qui, bien que moins évidents, sont d'une importance encore plus grande - par exemple, les grandes revendications de l'enseignement supérieur. L'ignorance est la source d'une grande partie de la pauvreté et d'un grand nombre de crimes dans le monde - d'où la nécessité de l'éducation. Si nous aidons les formes les plus élevées d'éducation - dans quelque domaine que ce soit - nous nous assurons l'influence la plus large en élargissant les frontières de la connaissance humaine ; car tous les faits nouveaux découverts ou mis en marche deviennent le patrimoine universel. Je pense que nous ne pouvons pas surestimer l'importance de cette question. Le simple fait que la plupart des grandes réalisations dans le domaine de la science, de la médecine, de l'art et de la littérature soient la fleur de l'enseignement supérieur suffit. Un grand écrivain montrera un jour comment ces réalisations ont répondu aux besoins de tous les gens, instruits ou non, riches ou pauvres, et ont fait de la vie ce que nous souhaitons tous qu'elle soit.

La meilleure philanthropie est constamment à la recherche des finalités - une recherche des causes, une tentative de guérir les maux à leur source. L'intérêt que je porte à l'Université de Chicago a été renforcé par le fait que, tout en considérant de manière exhaustive les autres caractéristiques d'un cours universitaire, elle a accordé une si grande attention à la recherche.

DR. WILLIAM R. HARPER

La mention de cette jeune institution prometteuse me rappelle toujours la figure du Dr William R. Harper, dont l'enthousiasme pour son travail était si grand qu'aucune vision de son avenir ne semblait trop grande.

Ma première rencontre avec le Dr Harper a eu lieu au Vassar College, où l'une de mes filles était étudiante. Il avait l'habitude de venir, en tant qu'invité du Dr James M. Taylor, le président, pour donner des conférences le dimanche ; et comme j'y passais souvent les week-ends, je voyais et parlais beaucoup avec le jeune professeur, alors de Yale, et j'ai attrapé dans une certaine mesure la contagion de son enthousiasme.

Lorsque l'université fut fondée et qu'il en prit la présidence, sa grande ambition fut de s'assurer les meilleurs instructeurs et d'organiser la nouvelle institution, sans se soucier des traditions, selon les idéaux les plus modernes. Il a recueilli des millions de dollars auprès des habitants de Chicago et du Middle West, et a gagné l'intérêt personnel de leurs principaux citoyens. C'est là que réside sa grande force, car il s'est assuré non seulement de leur argent, mais aussi de leur soutien loyal et de leur intérêt personnel fort - la meilleure forme d'aide et de coopération. Il a construit encore mieux que ce qu'il savait. Ses nobles idéaux incarnés par l'université ont éveillé un intérêt plus profond pour l'enseignement supérieur dans tout le Centre-Ouest et ont incité les individus, les confessions et les législatures à agir efficacement. Le monde ne se rendra probablement jamais compte à quel point le splendide système universitaire actuel des États du Centre-Ouest est dû indirectement au génie de cet homme.

Avec toute son extraordinaire puissance de travail et ses capacités de direction et d'organisation, le Dr Harper était un homme d'un charme personnel exquis. Nous comptons parmi les expériences riches et délicieuses de notre vie familiale le fait que le Dr et Mme Harper aient pu occasionnellement passer quelques jours avec nous pour un bref répit des soins et des responsabilités exigeants du travail universitaire. En tant qu'ami et compagnon, dans les relations quotidiennes, personne ne pouvait être plus charmant que lui.

J'ai eu la chance de contribuer à diverses reprises à l'Université de Chicago, dont le Dr Harper était le président, et les journaux ont souvent supposé qu'il profitait des occasions de notre association personnelle pour obtenir ces contributions. Les caricaturistes avaient l'habitude de trouver ce thème fructueux. Ils représentaient le Dr Harper comme un hypnotiseur agitant sa formule magique, ou bien ils le représentaient en train de forcer l'entrée de mon bureau intérieur où j'étais représenté occupé à découper des coupons et d'où je m'enfuyais incontinent par la fenêtre à sa vue ; ou bien ils me représentaient en train de m'enfuir à travers les rivières sur des gâteaux de glace flottante avec le Dr Harper à ma poursuite; ou peut-être me suivait-il de près, comme le loup dans le conte russe, dans des retraites campagnardes inaccessibles, tandis que je ne m'échappais que grâce aux légers retards que je lui occasionnais en laissant tomber de temps en temps un billet d'un million de dollars, qu'il était obligé d'arrêter et de ramasser.

Ces caricatures étaient censées être très amusantes, et certaines d'entre elles avaient certainement une saveur d'humour, mais elles n'ont jamais été humoristiques pour le Dr Harper. Elles étaient en fait une source de profonde humiliation pour lui, et je suis sûr qu'il serait heureux, s'il vivait, de me faire dire, comme je le fais maintenant, que pendant toute la période de sa présidence de l'Université de Chicago, il ne m'a jamais écrit une lettre ou demandé personnellement un dollar d'argent pour l'Université de Chicago. Dans les rapports quotidiens les plus intimes que j'ai eus avec lui chez moi, les finances de l'Université de Chicago n'ont jamais été abordées ou discutées.

La méthode de procédure dans ce cas a été essentiellement la même que pour toutes les autres contributions. La présentation des besoins de l'université a été faite par écrit par les responsables de l'université, dont la tâche spéciale est de préparer ses budgets et de superviser ses finances. Un comité d'administrateurs, avec le président, s'est entretenu chaque année, à une date fixe, avec notre département de bienfaisance, au sujet de ses besoins. Leurs conclusions ont généralement été entièrement unanimes et je n'ai pas trouvé jusqu'à présent d'occasion de m'écarter sérieusement de leurs recommandations. Il n'y a pas eu d'entretiens personnels ni de sollicitations personnelles. C'est avec plaisir que j'ai apporté ces contributions, mais ce plaisir est né du fait que l'université est située dans un grand centre d'empire, qu'elle s'est enracinée dans l'affection et l'intérêt des gens au milieu desquels elle se trouve, qu'elle fait un travail important et nécessaire - en bref, qu'elle a été capable d'attirer et de justifier les contributions de ses mécènes de l'Est et de l'Ouest. Ce ne sont pas les entretiens personnels et les appels passionnés, mais des arguments solides et justifiés qui devraient attirer et garantir les fonds de la philanthropie.

Les personnes qui, en grand nombre, me sollicitent sans cesse pour des entretiens personnels au nom de leurs causes favorites ont tort de supposer que l'entretien, s'il était possible, est le meilleur moyen, ou même un bon moyen, d'obtenir ce qu'elles veulent. Notre pratique a été uniformément de demander aux demandeurs d'exposer leur cas de manière concise, mais néanmoins aussi complète qu'ils le jugent nécessaire, par écrit. Leur demande est soigneusement examinée par des personnes très compétentes choisies à cet effet. Si, par la suite, nos assistants estiment qu'il est souhaitable de procéder à des entretiens personnels, ils sont invités de notre bureau.

Les présentations écrites constituent la base nécessaire à l'enquête, à la consultation et à la comparaison des points de vue entre les différents membres de notre personnel, ainsi qu'à la présentation finale qui me sera faite.

Il est impossible de mener ce département de notre travail d'une autre manière. La règle qui exige une présentation écrite au lieu d'un entretien est appliquée et respectée non pas, comme le candidat le suppose parfois, comme une rebuffade froide à son égard, mais afin d'assurer à sa cause, si elle est bonne, l'examen minutieux qui lui est dû - examen qui ne peut être donné dans un simple entretien verbal.

LA RAISON DES DONS CONDITIONNELS

IL EST FACILE DE FAIRE du tort en donnant de l'argent. Donner à des institutions qui devraient être soutenues par d'autres n'est pas la meilleure des philanthropies. De tels dons ne servent qu'à tarir les sources naturelles de la charité.

Il est très important que chaque institution de bienfaisance ait à tout moment le plus grand nombre possible de contributeurs actuels. Cela signifie que l'institution doit constamment lancer des appels ; mais, pour que ces appels constants soient couronnés de succès, l'institution doit faire un excellent travail et répondre à des besoins réels et manifestes. De plus, l'intérêt d'un grand nombre de personnes est la meilleure garantie d'une économie judicieuse, d'une gestion désintéressée et d'un soutien continu.

Nous subordonnons souvent nos dons à ceux des autres, non pas parce que nous voulons forcer les gens à faire leur devoir, mais parce que nous voulons ainsi enraciner l'institution dans l'affection du plus grand nombre possible de personnes qui, en tant que donateurs, se sentent personnellement concernées et peuvent ensuite compter sur leur intérêt vigilant et leur coopération. Les dons conditionnels sont souvent critiqués, et parfois, il se peut, par des personnes qui n'ont pas bien réfléchi à la question.

Une critique délibérée, sobre et juste est toujours précieuse et devrait être accueillie par tous ceux qui souhaitent progresser. J'ai eu au moins ma part de critiques défavorables, mais je peux dire en toute sincérité qu'elles ne m'ont pas aigri et ne m'ont pas laissé un sentiment dur contre une âme vivante. Je ne souhaite pas non plus critiquer ceux dont le jugement consciencieux, franchement exprimé, diffère du mien. Aussi bruyants que soient les pessimistes, nous savons que le monde s'améliore régulièrement et rapidement, et c'est une bonne chose à rappeler dans nos moments de dépression ou d'humiliation.

LES TRUSTS DE BIENFAISANCE

Pour en revenir au sujet des Benevolent Trusts, il s'agit d'un nom pour des sociétés destinées à gérer l'aspect commercial des bienfaits. L'idée a besoin, et pour réussir, elle doit avoir l'aide d'hommes qui ont reçu une formation pratique. Les meilleurs hommes d'affaires devraient être attirés par ses possibilités de faire le bien. Lorsqu'elle sera finalement réalisée, ce qui sera le cas sous une forme ou une autre, et probablement meilleure que ce que nous pouvons prévoir aujourd'hui, comme elle sera digne des efforts de nos hommes les plus compétents !

Nous aurons les meilleurs organismes de bienfaisance soutenus généreusement et adéquatement, gérés avec une efficacité scientifique par les hommes les plus compétents, qui seront heureux d'être tenus strictement responsables envers les donateurs de l'argent, non seulement pour le financement correct des fonds, mais pour l'utilisation intelligente et efficace de chaque centime. Aujourd'hui, toute la machine de la bienfaisance est conduite selon des principes plus ou moins aléatoires. Des hommes et des femmes de bien se tuent à la tâche pour collecter des fonds afin de soutenir des institutions qui sont dirigées par des méthodes plus ou moins habiles. C'est un énorme gaspillage de nos meilleures ressources.

Nous ne pouvons pas nous permettre d'avoir de grandes âmes, capables de faire le travail le plus efficace, qui triment pour collecter l'argent. Cela devrait être la tâche d'un homme d'affaires, et il devrait être suprême dans la gestion de la machinerie des dépenses. Les enseignants, les travailleurs et les dirigeants inspirés du peuple devraient être libérés de ces soucis d'argent pressants et dévalorisants. Ils ont plus qu'assez à faire pour cultiver leur immense champ qui n'est jamais entièrement occupé, et ils devraient être libérés de tout souci qui pourrait les détourner de ce travail.

Lorsque ces fiducies de bienfaisance deviendront actives, ces organisations de grande envergure ne manqueront pas d'attirer les cerveaux des meilleurs hommes que nous avons dans nos affaires commerciales, comme les grandes occasions d'affaires les attirent maintenant. Nos hommes d'affaires qui réussissent en tant que classe, et les exceptions ne font que prouver la vérité de l'affirmation, ont un haut niveau d'honneur. J'ai parfois été tenté de dire que nos ecclésiastiques gagneraient à mieux connaître les éléments essentiels de la vie commerciale. Une association plus étroite avec les hommes d'affaires serait, je pense, bénéfique aux deux classes. Les personnes qui ont eu beaucoup à faire avec les ministres et ceux qui occupent des postes confidentiels dans nos églises ont parfois eu des expériences surprenantes en rencontrant ce qui se pratique parfois dans le domaine des affaires ecclésiastiques, parce que ces hommes de bien ont eu si peu de formation commerciale dans le monde du travail quotidien.

Tout le système des relations correctes, que ce soit dans le commerce, dans l'Église ou dans les sciences, repose sur l'honneur. Les hommes d'affaires habiles cherchent à limiter leurs relations aux personnes qui disent la vérité et tiennent leurs promesses ; et les représentants de l'Église, qui sont souvent enclins à attaquer les hommes d'affaires comme un type de ce qui est égoïste et méchant, ont de grandes leçons à apprendre, et ils les apprendront volontiers à mesure que ces deux types de travailleurs se rapprochent.

Les trusts de bienfaisance, quand ils viendront, élèveront ces normes ; ils regarderont les faits en face ; ils applaudiront et soutiendront les travailleurs et les institutions efficaces ; et ils élèveront la norme intelligente du bon travail en aidant tous les gens principalement à s'aider eux-mêmes. Il y a déjà des signes que ces combinaisons arrivent, et arrivent rapidement, et dans les directions de ces trusts vous trouverez finalement la fleur de notre virilité américaine, les hommes qui non seulement savent comment faire de l'argent, mais qui acceptent la grande responsabilité de l'administrer sagement.

Il y a quelques années, à l'occasion du dixième anniversaire de l'université de Chicago, je participais à un dîner universitaire et, ayant été invité à prendre la parole, j'avais pris quelques notes.

Lorsque le moment est venu de me lever et de faire face à ces invités - des hommes de valeur et de position - mes notes ne signifiaient rien pour moi. Lorsque j'ai pensé au pouvoir latent du bien qui résidait dans ces personnes riches et influentes, j'ai été très affecté. J'ai jeté mes notes et j'ai commencé à plaider pour mon plan de Benevolent Trust.

"Vous, les hommes", ai-je dit, "êtes toujours prêts à faire quelque chose pour les bonnes causes. Je sais combien vous êtes occupés. Vous travaillez dans un engrenage dont vous ne voyez pas l'issue. Je comprends aisément que vous pensiez qu'il n'est pas en votre pouvoir d'étudier soigneusement les besoins de l'humanité, et que vous attendez pour donner d'avoir considéré beaucoup de choses et décidé d'un plan d'action. Maintenant, pourquoi ne pas faire avec ce que vous pouvez donner aux autres comme vous faites avec ce que vous voulez garder pour vous et vos enfants : mettez-le dans une fiducie ? Vous ne placeriez pas une fortune pour vos enfants entre les mains d'une personne inexpérimentée, aussi bonne soit-elle. Soyons aussi prudents avec l'argent que nous dépenserions au profit d'autrui que si nous le mettions de côté pour l'usage futur de notre propre famille. Des administrateurs s'occupent de ces affaires en votre nom. Mettons en place une fondation, un Trust, et engageons des administrateurs qui feront de leur vie le travail de gérer, avec notre coopération personnelle, cette affaire de bienfaisance de manière appropriée et efficace. Et je vous en prie, occupez-vous-en maintenant, n'attendez pas."

J'avoue que je me sentais très fort sur le sujet, et je le suis encore aujourd'hui.

Fin de Souvenirs aléatoires d'hommes et d'événements par John D. Rockefeller

BIBLIOGRAPHIE

Random Reminiscences of Men and Events by John D. Rockefeller (1909). Traduction et adaptation de l'anglais au français. Tous droits réservés.